高校大学生安全教育和法律意识培养研究

陈海燕　解瑞卿　著

延边大学出版社

图书在版编目（CIP）数据

高校大学生安全教育和法律意识培养研究 / 陈海燕, 解瑞卿著. -- 延吉：延边大学出版社，2022.9
ISBN 978-7-230-03799-0

Ⅰ. ①高… Ⅱ. ①陈… ②解… Ⅲ. ①大学生－安全教育－研究②大学生－法律意识－能力培养－研究－中国 Ⅳ. ①G641②D920.4

中国版本图书馆CIP数据核字(2022)第164586号

高校大学生安全教育和法律意识培养研究

著　　者：陈海燕　解瑞卿
责任编辑：李　磊
封面设计：李金艳
出版发行：延边大学出版社
社　　址：吉林省延吉市公园路977号　　邮　　编：133002
网　　址：http://www.ydcbs.com　　E-mail：ydcbs@ydcbs.com
电　　话：0433-2732435　　传　　真：0433-2732434
印　　刷：英格拉姆印刷(固安)有限公司
开　　本：710×1000　1/16
印　　张：13
字　　数：200 千字
版　　次：2022 年 9 月 第 1 版
印　　次：2023 年 1 月 第 1 次印刷
书　　号：ISBN 978-7-230-03799-0

定价：68.00元

前　言

普及安全知识，抓好大学生安全教育，提高大学生自我保护能力，最大限度地保证大学生不受违法分子的侵害，避免大学生违法犯罪行为的发生，不仅是保证大学生人身财产安全的需要，也是培养高素质合格人才最基本的要求。

当代大学生面临着各方面的困扰，如学习生活环境日益复杂化、社会化，毕业生就业压力日趋增大，校园治安等安全问题出现许多新情况等。当代大学生从小就生活在家长和教师的呵护之中，涉世未深、生活阅历不足，缺乏必要的预防和应对外来侵害与灾害事故的基本常识和经验，安全防范知识和能力比较欠缺，法律意识有待增强，心理承受能力也相对较弱。在多重因素的影响下，大学生身边的隐患引发许多安全问题，造成各种事故，给个人、家庭和社会带来巨大的危害和无法挽回的损失。

为进一步增强大学生的法治观念，让大学生具备一定的自我保护能力，特撰写《高校大学生安全教育和法律意识培养研究》一书，力求防患于未然，帮助大学生了解更多的安全知识，增强大学生的安全防范意识，使大学生平安愉快地度过美好的大学时光。

本书首先对大学生安全法制教育进行了概述；其次，系统地介绍了大学生安全教育的重点方面，包括个人安全、公共安全、学业安全；最后，对大学生法律意识培养进行了研究。本书不仅内容丰富、生动易懂，更重要的是能让大学生学会如何面对突发事件、如何保护自己等，相关论述理论与案例相结合，对大学生的生活、学习具有一定的指导意义。

作者在撰写本书的过程中，得到了许多专家、学者的帮助和指导，在此表示诚挚的谢意。由于作者水平有限，加之时间仓促，书中所涉及的内容难免有疏漏之处，希望各位读者多提宝贵意见，以便本人进一步修改，使之更加完善。

笔者
2022 年 6 月

目 录

第一章　大学生安全法制教育概述 ... 1

第一节　安全环境与安全意识 ... 1
第二节　法制环境与法治意识 ... 3
第三节　加强大学生安全法制教育的必要性及措施 ... 6

第二章　大学生个人安全教育 ... 13

第一节　人身安全 ... 13
第二节　财产安全 ... 22
第三节　交际安全 ... 40
第四节　心理安全 ... 54

第三章　大学生公共安全教育 ... 72

第一节　交通安全 ... 72
第二节　消防安全 ... 80
第三节　住宿安全 ... 95
第四节　网络安全 ... 102
第五节　突发事件 ... 115

第四章 大学生学业安全教育 140

第一节 勤工助学安全 140
第二节 求职就业安全 148
第三节 社会实践与创业安全 155

第五章 大学生法律意识培养 172

第一节 增强大学生法律意识 172
第二节 大学生违法行为的预防 178
第三节 大学生犯罪行为的预防 183

参考文献 199

第一章 大学生安全法制教育概述

第一节 安全环境与安全意识

一、安全环境

"安全"是人和动物受到保护、没有危险、不受伤害、没有事故的一种状态。"环境"既包括以大气、水、土壤、植物、动物、微生物等为内容的物质因素,也包括以观念、制度、行为准则等为内容的非物质因素;既包括自然因素,也包括社会因素;既包括非生命体形式,也包括生命体形式。人类的生存与发展需要一种安全的环境做基础保障,大学生的成长更需要安全的环境。与大学生密切相关的安全环境可以分为社会环境和自然环境。

社会环境主要包括:社区环境、学校环境、家庭环境等。自然环境是社会环境的基础,而社会环境又是自然环境的发展。自然环境是人们周围的各种自然因素的总和。自然环境也是外在的客观环境,主要是指我们无法掌控和预料的环境,大学生处于这样的自然环境中应该具备一定的自我净化、自我完善、自我革新、自我提高的能力。社会环境可分为"硬环境"和"软环境"。"硬环境"主要是指社区、家庭、学校能提供的外在的安全物质保障;"软环境"指的是国家、社区、学校能够给予的法律支持和保障,以及家庭给予的安全感。狭义的社会环境仅指人类生活的直接环境,如家庭、劳动组织、学习条件和其他集体性社团等。社会环境对人的形成和发展起着重要作用，同时人类活动给予社会环境以深刻的影响，而人类自身在适应、改造社会环境的过程中也在不断变化。

二、安全意识

"意识"是指人脑对大脑内外表象的觉察，为一种特殊而复杂的运动，可以反映（映射）真实世界以及非实有意识自身的运动，可以正确映射真实和意识本身规律，也可对其进行不正确或歪曲反映。

"安全意识"是指对人的身心免受不利因素影响的存在条件与状态所持有的心理活动总和，它是人们对生产、生活中所有可能伤害自己或他人的客观事物保持警觉和戒备的心理状态。安全意识包括国家安全意识和个人安全意识，其中国家安全意识包括国民安全意识、领土安全意识、主权安全意识、政治安全意识、意识形态安全意识、军事安全意识、经济安全意识、文化安全意识、科技安全意识、生态安全意识、信息安全意识等；而个人安全意识包括个人的生命安全意识、财产安全意识、情感安全意识、心理安全意识、行为安全意识等。

大学生应具备的安全意识是指学生通过感觉、知觉、记忆、思维、想象等方法对现实安全进行准确、清醒的认识，对外在客观事物的安全状态进行正确的判断；对自己的行为有意识地进行决策和控制，使自己或他人免受伤害，成为知法、守法、明辨是非并具有防范能力的公民。

第二节 法制环境与法治意识

一、法制环境

中华人民共和国成立之后,我国对高校大学生法制教育较为重视。1984年,教育部制定了《共产主义思想品德教学大纲(试用本)》,这本书被后来学者誉为我国高校法律课程的前身。1986年,我国高校又开设了法律基础课程,向非法律专业的大学生普及法律知识,使高校法制教育正式走进了大学课堂。

教育法律体系作为社会主义法律体系的一个重要组成部分,是我国现行教育法律规范所构成的完整的、内部协调一致的、有机联系的教育法律的整体系统。从教育法律体系的纵向构成上看,由于教育法律的立法权限和立法程序的不同,教育法律的适用范围和效力也不同。按其不同的适用范围和效力等级,可将我国的教育法律分为以下几个层级。

一是《中华人民共和国宪法》中有关教育的条款。宪法是国家的根本大法,在我国法律体系中占据首要地位,具有最高的法律效力,是我国全部立法工作的基础和根据,一切规范性文件皆不能与宪法相抵触。只有全国人民代表大会有宪法的制定和修改权。宪法规定了我国教育的社会性质、目的任务、结构系统、办学体制、管理体制,规定了公民有受教育的权利和义务,规定了对少数民族、妇女和有残疾的公民在教育方面予以帮助,规定了对未成年人的保护,规定了学校的教学用语,规定了宗教与教育的关系,这些都是各种形式和层级的教育立法的主要依据和最高依据。任何形式的教育法都不得与宪法相抵触,否则便是违宪。

二是《中华人民共和国教育法》。它是与国家宪法相配套,对整个教育全局起宏观调控作用的教育基本法。教育法是依据宪法制定的调整教育内部、外部相互关系的基本法律准则，有人将其称为"教育的宪法"或教育法规的"母法"。教育法是我国教育事业改革和发展的根本大法，它规定了我国教育的基本方针、基本任务、基本制度以及教育活动中各主体的权利、义务等，也是制定其他教育法规的基本依据。

三是教育单行法。教育单行法是根据宪法和教育法确立的原则制定的，用于调整某类教育或教育的某一具体部分的教育法规。我国先后已经制定并公布实施的教育单行法有六部，即《中华人民共和国学位条例》《中华人民共和国义务教育法》《中华人民共和国教师法》《中华人民共和国职业教育法》《中华人民共和国高等教育法》和《中华人民共和国民办教育促进法》。

四是教育行政法规。它是与教育法律和其他法律相配套的，由国家最高行政机关（即国务院）制定、发布的教育行政法规。我国宪法规定，国务院作为国家最高行政机关有权"制定行政措施，制定行政法规，发布决定和命令"。我们通常所说的教育行政法规，专指国务院根据宪法和教育法制定的有关教育方面的规范性文件。

五是地方性的教育法规。它是省、自治区、直辖市的人民代表大会及其常委会和有地方立法权的人民代表大会及其常委会为贯彻国家的教育法律和教育行政法规，根据本行政区域的实际需要而制定的规范性文件。

六是教育规章。它包括部门教育规章和地方政府教育规章。部门教育规章是指国务院所属各部、委根据法律和行政法规，在本部门权限内单独或与其他部、委联合发布的有关工作命令、指示、实施细则等规范性文件。其效力虽低于国务院制定的行政法规，但在全国有效。部门教育规章通常由教育部部长以教育部令的形式签发，或由教育部会同国务院其他部委以联合令等形式发布。地方政府教育规章是指省、自治区、直辖市人民政府根据有关法律法规，在自身权限内发布的调整教育行为的规范性文件，称为政府教育规章。

二、法治意识

大学生法治意识指的是大学生认识法律基本内容以及运用法律的能力，它是当代社会推行依法治国方略新形势下的公民法治建设的关键。大学生要具有一定的法律意识。大学生的法治意识能够指导安全行为，法治意识的强弱很大程度上直接关系着我国法治社会发展的前景。

法律知识、法治意识、法律运用三者的关系是辩证统一的。

法律知识是法律能力和法治意识的基础。没有充足的法律知识，就无法具备良好的法律运用能力，更无法树立正确的法治意识。

法治意识建立在人类的理性基础之上，通过内心对法律所反映的价值观点的评判，形成对法律规范的认同感，从而自愿遵从法律的权威，并且遵从由此形成的社会秩序。要让大学生树立正确的法治意识，让他们在内心当中对我国法律产生真正的认同感与归属感，在相信法律权威性的基础上，也敬畏法律的强制性。这样他们才能自觉地依法办事，自愿地接受法律的束缚。在此基础上，大学生方可正确地处理自身权利与他人权利、自身利益与公共利益、个人权利和法律义务等的关系，从而为维护社会正常秩序做出贡献。

法律运用是法律知识的实践产物，也是法律知识的精髓所在，实践是检验真理的唯一标准，大学生只有扎实掌握法律基础知识，并在法律实践过程中积极运用，才能培养自己运用法律的能力，从而逐渐树立正确的法治意识，成为积极建设社会主义法治社会的一分子。

第三节 加强大学生安全法制教育的必要性及措施

一、加强大学生安全法制教育的必要性

（一）推进依法治国、构建和谐社会的时代要求

高校的安全与稳定是社会稳定的重要基础。随着我国经济的快速发展和综合国力的不断增强，一些敌对势力把中国的崛起与强盛，视为他们推行霸权主义的巨大威胁，总要寻找各种机会，同国内极少数分裂主义分子、违法犯罪分子相互勾结，挑起事端，破坏我国经济建设所取得的巨大成就和丰硕成果。而当代大学生作为国家的未来与希望，由于涉世不深，既缺乏对中国历史的了解，又缺少对改革开放成果的深刻体验，因此容易成为敌对势力觊觎并伺机利用的目标，他们企图从年轻人身上打开突破口进而达到分化我国的政治意图。为此，在不断加强大学生安全法制教育的过程中，除了要保证学生的人身与财产安全外，还要引导并帮助大学生从思想上牢固构筑起抵御和防范境内外敌对势力侵蚀的思想防线，坚定大学生建设中国特色社会主义的信念，肩负起我们的政治责任和光荣使命。

公民的法律意识水平是衡量一个国家文明程度的重要标准。建设法治社会，就是要提高公民的法律意识，把法律作为一种人们生活的需要。安全法制教育的价值就在于使受教育者养成良好的守法品质和行为模式，树立正确的法治观念。大学生作为社会主义市场经济建设的主力军，增强其法治意识具有重要意义。所以，高校必须结合社会的需求培养人才，要从多方培养学生，确保

学生得到全方位的发展，提升学生的整体素质，帮助学生更好地融入社会。

（二）高校教育改革与发展的需要

我国高等教育各项改革取得了突破性进展，中国高等教育已进入了国际公认的大众化阶段，这对中国人才培养的意义是极其深远的。但在高等教育改革中，一些不安全因素也在增多，这些因素有可能对大学生的生命财产安全构成严重威胁，直接或间接阻碍着高等教育改革。为此，高校必须认真吸取这些惨痛的教训，采取更加有力的措施加强大学生安全法制教育工作。我国现行的教育法律有《中华人民共和国高等教育法》《高等学校校园秩序管理若干规定》以及《高等学校学生行为准则》等，这些法律都规定了高校有进行安全法制教育的职责，要求高校向学生讲授安全法制教育的相关知识，进行防范技能方面的培训。教育部《普通高等学校学生安全教育及管理暂行规定》中明确规定，高校需要将安全教育工作作为日常工作的一项内容，不可只在事故发生时进行安全教育工作，要把安全教育列为教师的日常工作内容，高校的领导人员也需要加强安全校园的建设力度，针对安全教育进行明确的职责分工，设立专门的小组从事该工作。

政府出台的法律法规使得大学生的人身安全得到了保障，高校依据法律规定，需要将安全法制教育工作作为自身的职责，严格按照法律规定，提高大学生群体应对突发事件的能力；要以对人民高度负责的态度，采取多种形式提高大学生的安全意识和法治意识，切实改善大学的安全状况，保证高等教育改革顺利进行。

（三）改进高校德育工作、全面推行素质教育的需要

素质教育注重学生的综合发展，既要发展学生的智力和体力，又要对学生进行爱国主义教育、集体主义教育，让学生树立科学的世界观、人生观、价值

观，让学生形成高尚的道德品质和文明的行为习惯，提高学生的实践能力。现阶段，大多数大学生是积极向上的，但是大学生安全事故甚至违法犯罪事件时有发生，他们迫切需要正确的指导和教育。因为受国际、国内不良因素影响，新时期大学生的学习态度、生活方式、就业观念、信息渠道等都发生了巨大变化，相应地会出现各种安全隐患。这无疑给大学生的思想政治教育工作提出了更高的要求，并直接影响到素质教育的全面推行。因此，新形势下高校要切实加强思想政治教育工作，立足于增强大学生的安全意识和法治意识，针对新时期大学生的特点不断总结经验，增强工作的针对性和实效性。

安全法制教育是素质教育的组成部分，大学生具有较强的安全意识和法治意识是保证高校德育工作正常开展和全面推行素质教育的重要基础。高校对大学生学习环境的安全状态要有充分的认识，要进行有针对性的安全法制教育，促使大学生树立安全意识。实践证明，安全意识和法治意识有助于大学生的全面发展，大学生综合能力的增强也有助于提高大学生的安全意识和法治意识，二者相互促进，相辅相成。因此，高等院校作为培养高素质人才的重要基地，必须从战略角度出发，从思想上认识到加强大学生安全法制教育的重要性和紧迫性。

（四）维护校园稳定、优化校园环境的必然要求

学校内部除了生活区以及教学楼之外，还有诸如超市、家属区、宾馆以及银行等生活场所。在这种环境下，很多外来人员有可能进入学校，一部分人文化素养低，法律意识淡薄，并且具有较强的流动性，很难统一管理。通过调查不难发现，由外来人员造成的安全事件在高校的所有安全事件中占有较大比重，现如今大学生和社会之间的联系越来越紧密，还有部分大学生进入社会寻找兼职，由于安全知识匮乏，防范意识较弱，这一群体很容易被人欺骗。学生

因为兼职家教被骗进入传销组织的案例有很多,更有部分大学生在不知不觉中成为诈骗人员的帮凶。

另外,随着互联网技术的迅速发展,网络不良信息泛滥。学生面对复杂的网络环境,需要明辨是非,对于充斥网络的各种信息要加以辨别,拒绝不良信息。这也从一定程度说明了高校开展安全法制教育工作的现实意义。

学校周围的环境也很复杂,KTV、网吧、酒吧等娱乐场所都对校园安全构成威胁。有时也会有社会不良人员进入校园从事偷窃、诈骗等违法活动,甚至会对教师以及学生的人身安全构成威胁,进而影响学校的声誉。出现类似案件,不仅会对学生及学生的家庭带来影响,还会给学校带来麻烦,更有可能对社会安全造成影响。总的来说,校园周边环境复杂,学生的安全意识和法治意识需要增强,学生的防范能力也需要进一步提升,因而进行大学生安全法制教育迫在眉睫。

(五)大学生健康成长的需要

大学生安全法制教育可以提升大学生的安全意识和法治意识,而安全意识和法治意识的增强是大学生正常学习、生活的基本保障。高校的管理制度不完善、保安人员的素质不高、安防系统和报警系统不达标等因素都会影响大学生正常的学习、生活。部分大学生自我保护能力差,导致校园安全事故频发。所以,高校必须加强大学生安全法制教育工作,结合大学生学习和生活中常遇到的安全问题,让大学生对社会治安形势有正确的认识和理解。高校要向大学生讲授安全知识、法律知识,进行法制教育和自我保护教育,使大学生自觉地学习、掌握安全技能,做好自身的安全防范。

大学生安全法制教育有利于大学生树立正确的、科学的人生观、世界观、价值观。作为新时期的大学生只有坚持先进文化的方向前进,才能树立科学的人生观、世界观、价值观,但大学生在学习先进文化的过程中常常会受到一些不良因素的影响。实践证明，良好的安全意识和法治意识有助于大学生的健康成长。

二、加强大学生安全法制教育的措施

（一）完善大学生安全法制教学的课程

在课时设计上，高校要对现行的课时进行调整，适度增加安全法制教育的课时数量，以满足教学内容的需求。另外，高校要改变现有的固定教学时间，实行弹性教学，并确定阶段性教育目标，学生安全法制教育应包含课程教学、安全教育讲座、课外教育活动等教育形式。

（二）保证大学生安全法制教育主体的多元化

大学生安全法制教育工作不应是一项纸上谈兵的教学课程，而应是一项需要教学体系与校园安全管理体系协同发挥作用的系统工程，承担具体职责的教学部门一般是思想政治教育教研室。教务部门作为管理机构，在安排安全法制教育课程时应与安全管理部门进行充分交流，调查学校的安全概况，了解学生在安全法制方面存在的问题和实际需求，制订科学合理的教学计划，按照安全法制教育的特点将课程安排到整个大学学习计划中，同时根据学生的社会生活经验、生理特点，合理、有针对性地安排教学内容。

另外，高校要充分发挥辅导员在学生教育工作中的优势。辅导员作为与学生关系密切的管理者，在实际工作中发挥着重要作用。高校要做好对辅导员队伍的安全教育和培训工作，使其牢固树立"安全第一"的理念，培养他们的安全工作意识。高校还应紧密关注学生的思想动态，及时发现安全隐患，准确把握问题导向，针对具体问题及时、有效地对学生开展面对面的安全法制教育工作；充分发挥学校安全管理部门的特长，开展学生安全法制教育；共建校园安全法制文化，公安、保卫部门应定期判别校园安全形势，分析校园的发案规律和特征，有针对性地给出安全提示和警示，做好安全法制教育工作。

（三）开展各类安全法制教育实践活动

广泛开展各类安全法制教育实践活动，使受教育者与教育者良性互动，在轻松的实践氛围中提高学生的安全防范意识，增强教育的实效性。第一，教育内容要增加对校园及周边环境的分析等内容，介绍校园的周边环境可以帮助学生了解校园的不安全因素，便于提前防范；第二，在校园内广泛开展各类安全法制教育实践活动，如开展专项安全法制教育讲座，组织应急逃生演习、灭火演练，组织学生模拟野外营救等活动，从而提高学生的应急处置能力；第三，利用各种新媒体推广安全法制知识，营造校园安全文化氛围。例如，可通过微信平台建立微信警务、安全播报、安全在线等栏目，及时推送最新的安全资讯，实现信息互通，资源共享。

（四）建立科学合理的学生安全法制教育考评机制

在实际工作中，部分教育管理者只是把大学生安全法制教育当作教学任务，要想取得良好的实效，需要多方力量共同协调，同时还需要建立一套科学合理的考评体系维持系统持续有效的运行。首先，明确教学部门和其他职能部门的职责，做到职责明确，分工合理；其次，建立科学合理的量化细则，除了传统的学分考评制度，还应以校园各类安全事故和案件的发生率为奖惩依据和标准，保障大学生安全法制教育落到实处。

总之，大学生安全法制教育是一项长期的系统化工作，事先预防才能达到预期效果。管理者和教学者必须充分认识到安全法制教育成本远远低于处理事故的成本，要从内心深处高度重视大学生安全法制教育工作。教学部门和管理部门应通力协作，广大师生、员工应积极参与，共同营造安全法制教育氛围，不断增强学生的安全意识和法治意识，让学生掌握更多安全防范技能，从根本上保证校园的安全与稳定。

第二章 大学生个人安全教育

第一节 人身安全

一、预防被伤害

人的生命只有一次,防止大学生的生命受到伤害,是大学生个人安全教育最主要、最基本的内容。

(一)大学生受伤害的情况

从全国高校看,各类伤害大学生的案件、事故每年都会发生,其大致有以下四类。

一是因不法之徒的违法犯罪行为引发或间接导致大学生受到伤害。例如,流氓滋扰、寻衅滋事、拐卖妇女、殴打、性侵害以及抢劫、盗窃等。

二是因违反管理规定引发各种事故,直接造成大学生受到伤害。例如,交通事故、煤气中毒、食物中毒,溺水、爆炸、火灾,以及塌、砸、挤、踩等。

三是因违反治安管理规定或因具体矛盾处理不当导致的大学生伤害事故。例如,参加邪教组织,误入非法传销组织,打架斗殴,学习、生活中产生摩擦,校外交际活动中发生纠纷等。

四是因其他意外情况导致大学生受到伤害。例如,突发的自然灾害以及误伤等。

（二）大学生被伤害的原因

大学生被伤害的原因是多种多样的，有客观方面的原因，也有大学生自身的原因。就其主观原因看，主要有以下几个方面。

1.安全意识淡薄

部分大学生对不法分子侵害手段的残忍性缺乏足够的认识，对可能发生的侵害预见性不够；对社会治安形势不了解，防范意识差。

2.安全知识匮乏

部分大学生对案件、事故的发生规律知之甚少，因而对在什么时间、什么场合、什么环境、什么氛围容易发生什么案件、事故缺乏常识，更谈不上采取措施积极主动预防。许多情况下，当事故、安全隐患已经严重威胁人身安全时，一些大学生不仅没有保持一定的警惕性，甚至置若罔闻。

3.自我安全保护能力弱

从已经发生的大学生人身安全受到侵害的案例看，许多大学生受伤害的程度可以减轻，甚至一些受伤害的情况完全可以避免，但事实是本可以避免的伤害发生了，本可以减轻的伤害加重了。根本原因就是这些大学生的自我安全保护能力弱，当侵害发生时，束手无策，不但不能勇敢、机智、巧妙地进行自我保护，甚至做出激化矛盾的举动。

4.处理问题的思想观念错误

许多受到侵害的大学生，往往是在没有发生问题时，什么都不在乎，一旦问题发生，又不敢面对现实，甚至极度恐慌，总怕学校领导和老师知道，设法掩盖已发生的问题。在处理问题时，就会出现错误的思想观念：不靠老师靠自己，不靠组织靠老乡，不靠理智靠哥们儿义气。在这种错误理念的指导下，往往是小纠纷变成大矛盾，简单的问题变得复杂，容易解决的问题变得难以处理。

5.不注重社会公德，法律意识淡薄

不少大学生在公众聚集场合、公共娱乐场所、集体生活的环境中，只想享受社会公德为自己提供的方便，而不愿遵守社会公德，不讲道德文明；只想享受纪律为自己提供的自由，而不愿意遵守纪律或受到纪律的约束；只想享受法律为自己规定的权利，而不愿意履行法律为自己规定的义务。结果是扰乱了公共秩序，侵犯了他人人身权利，危害了公共安全或是妨碍了社会管理秩序，最终受到伤害的往往还是学生自己。

（三）预防大学生人身受伤害的措施

预防大学生人身遭受伤害是一项系统工程。一方面，它要靠相关部门和高校改善社会治安环境，整顿学校周边治安秩序，营造文明的校园氛围；另一方面，需要大学生自身做好防范工作。具体来说，应做好以下预防工作。

1.尽量减少、避开不安全的因素和环境

大学生在学校学习期间，主要精力应放到刻苦学习、努力完成学业上。在日常生活中，尽量不要出入治安复杂场所，远离不法分子，减少遭受伤害的概率。一是认识易于遭到不法分子侵害的环境。尽量远离治安复杂场所，尽可能不单独到偏僻无人或极少有人活动的林间、山路、沟渠、废旧建筑工地等处活动或逗留，减少与不法分子直接发生矛盾的机会。二是认识易于遭到不法分子侵害的时机、对象。尽量避免在午休、夜深人静或黑暗、视线不良时单独滞留，不要夜不归宿。三是认识不法分子侵害的手段。尽量以机智灵活的方法、义正词严的态度应对不法分子的暴力、欺骗活动，设法努力避免、减少不法侵害的发生。

2.不给可能发生的侵害提供条件

大学生的人身安全遭受伤害，除了不法分子的因素外，有时是自身原因造成的。因此，为了避免自身遭受伤害，大学生还必须从自身做起。例如，为避

免火灾、爆炸等安全事故，宿舍内不私拉、乱接电线，不躺在床上吸烟和乱扔烟头，不在蚊帐内点燃蜡烛，不随地焚烧杂物，不使用易引起火灾的各种器（灶）具，不存放易燃易爆物品，在实验过程中不违反操作规程等。为防止不法分子侵害，在公共娱乐场所言语、举动不轻佻，不以骄横、偏激的态度对待问题，不用挑衅的语言刺激对方，不给有不良企图的人发出易引起误会的信号，外出穿着不过于暴露，尽量不带贵重物品，钱物不外露，遇到意外不慌张、不胆怯，等等。

3.拒腐蚀，提高免疫力

大学生受到伤害，有时候是由自身存在的不良习气、不健康思想、不道德行为引起的。因此，大学生要自觉抵制不健康思想的侵蚀。一是**警惕西方资产阶级人生观、价值观、生活方式的侵蚀**，特别是自由化思潮和所谓性解放观念的影响。二是拒绝腐朽思想的腐蚀，特别是淫秽色情制品的影响。三是抵制世俗风气的影响。例如，借过生日、入党、获得奖学金、受到奖励等机会吃吃喝喝；发生问题不但不向老师报告，还互相包庇等。四是克服庸俗习气的影响。例如，赌博、酗酒、吸毒，以及拉老乡、搞哥们儿义气，炫耀匹夫之勇等。大学生一定要严于律己，不但要使自己成为一个具有专业文化知识的人，而且要使自己逐渐成为一个有远大抱负、脱离低级趣味的人。

4.正确对待所发生的各类侵（伤）害

正确应对将要发生和正在发生的各类侵（伤）害，是避免和减少大学生人身安全遭受伤害最直接的应对之策。

（1）正确应对不法侵害

就是当不法侵害即将或正在发生时，临危不惧，保持清醒头脑，针对当时的具体情况，采取果断、机智、灵活的办法化险为夷。一是凡不法侵害都是以违法犯罪为前提的，不法之徒亦胆怯心虚。对此，大学生应义正词严，拿起法律武器，敢于维护法律的尊严和自己的权益，以震慑罪犯。二是不法侵害者往往又是亡命之徒，心狠手辣、不择手段、不计后果。对此，则不宜以蛮干对无知，盲目硬拼，而应以智慧取胜，用机智、灵活的方法与之周旋，"两害相权取其轻"，必要时可牺牲局部利益，以保证生命安全。三是不法之徒往往又贪财好色，当遭遇不法之徒侵害时，应尽量与之周旋，拖延时间，争取外援，或找机会脱身、报案。一旦没有外援或无法脱身、报案时，为保全自身权益，可满足不法之徒的部分条件，麻痹其神经，使其松懈。同时，注意掌握其罪证，为以后侦破案件、打击犯罪提供帮助。

（2）正确应对各类灾害事故

各类灾害事故对人的生命和财产具有极大的破坏性，正确应对各类灾害事故，就能有效地减少或避免伤害。一是有些灾害和事故具有演进性和规律性。一些灾害、事故的发生，经历了由渐变到突变的过程。因此，为预防灾害、事故，避免或减少伤害，平时就要认真做好预防工作，把灾害、事故化解在演进的过程中。二是有些灾害、事故的发生具有偶然性和突发性。这种突如其来的灾害、事故，往往会让人们极度恐慌。为避免或减少其造成的伤害，应做到：处变不惊，保持清醒的头脑；有生命危险时，设法保证生命安全；条件许可时，及时报警，防止事态进一步扩大；积极参与救助，等待救援。三是灾害、事故对生命、财产具有极大的破坏性。对此，应面对现实，树立信心，利用现有条件或积极创造条件，努力把伤害降到最低。

二、预防性侵害

性侵害是指违背当事人一方意志的性行为，它严重侵犯了受害人的人身权利，极大地损害了受害人的身心健康。

（一）认识性侵害的重点

性侵害的对象有女生，也有男生。高校女大学生是预防性侵害的重点。这是因为，女大学生正当青春年华，又是高密度聚集的特殊群体。尽管多数女大学生政治信仰坚定，作风正派，发奋读书，但她们毕竟进入了青春期，正处在谈恋爱、交朋友的阶段。爱美之心，人皆有之。她们有的长相漂亮，打扮时髦；有的懦弱文静，无自卫能力；有的精神空虚，乐于寻求刺激；有的意志薄弱，难以拒绝各种诱惑；等等。女大学生这些特点和弱点，给不法分子进行性侵害提供了可乘之机。

（二）认识性侵害的主要形式

为提高大学生预防性侵害的自觉性，避免其遭受性侵害，进一步认识性侵害的主要形式、特点和手段是必要的。

1. 暴力式性侵害

指不法分子以暴力手段或以凶器相威胁，对女大学生实施性侵害。采取暴力式性侵害的主体多数是社会上的不法分子，有的直接以强奸为目的，有的以抢劫、盗窃为目的，在抢劫、盗窃过程中，见有机可乘，随即实施强奸，进而演变成暴力性侵害；也有的是因恋爱关系破裂或单相思，走极端，实施性侵害等。暴力式性侵害往往遭到女性的强烈反抗或因犯罪分子担心罪行暴露，极易演变成凶杀案。因此，暴力式性侵害对女大学生的危害最大。

2. 胁迫式性侵害

胁迫式性侵害中，性侵害者一方大都是"强者"，往往以其特殊的身份、手中的权力或者经济上的控制等，胁迫侵害对象，或者以女大学生的隐私相要挟，迫使侵害对象就范。

3.诱骗式性侵害

一些心术不正之徒，也会把性侵害的目标锁定在女大学生身上，他们先伪装成谦谦君子，把真正的企图掩藏起来，之后或以金钱相诱，或以交朋友、谈恋爱的名义相处，或以安排工作相许，或以娱乐活动相邀，设法投其所好，女大学生一旦放松警惕，不法之徒便会撕破伪装，实施性侵害。

4.交际式性侵害

由于办学的开放化，大学生的社会活动越来越多，一些女大学生缺乏社会经验，交友不慎，在结识一些社会不良人员时，有可能遭到性侵害；大学生利用节假日勤工俭学，从事服务性工作（陪游、陪聊、陪玩、陪酒等），有时也可能跌入性侵害的陷阱；大学生前往夜店、酒吧等场所时，也有可能遭到性侵害。

5.流氓滋扰式性侵害

一般指社会上的流氓混入校园，用下流的语言，用推、拉、撞、摸等下流的动作，或用暴露生殖器官等下流行为，或以窥视女大学生洗澡、上厕所等方式进行性骚扰。当女大学生孤立无援时，便可能发展成暴力式性侵害。

（三）积极预防性侵害

1.提高自身素质

大学生特别是女大学生，要加强自身修养，全面提高自身素质。一是要树立正确的世界观、人生观和价值观，不受不良观念的影响，不被落后思想腐蚀；二是树立正确的金钱观，不贪图小便宜，不过于看重钱财，以防授人以柄；三是言行举止得体、大方，不轻浮，不过分追逐时髦，穿着不过于暴露，展现当代大学生良好的精神风貌；四是慎重交友，不要轻易相信初识的人，更不要轻易接受初识"朋友"的馈赠。

2.避开性侵害容易发生的时间、环境和场所

一是夜间外出活动不要过晚,午休时间最好不要一个人单独外出活动;二是不要单独在偏僻、黑暗的环境活动、滞留;三是不要前往治安环境相对复杂的场所等。

3.严格遵守女生宿舍安全管理规定

一是不要独自一人住宿;二是不私自让异性进入宿舍;三是睡觉时关好门窗;四是夜间、午休去厕所注意先观察周围环境等。

(四)正确对待性侵害

一旦遭到性侵害,能否正确对待,妥善处置,其结果也大不一样。因此,作为大学生,当遇到此类问题时,必须正确对待,妥善处置,力争把损失降到最低。

1.保持沉着镇定

不论遭到何种方式的性侵害,都要沉着应对,冷静分析当时的情况,思考脱身之法。要敢于维护自己的尊严,要设法采取有效手段震慑不法之徒。一方面,可考虑高声呼救,以此震慑不法分子,同时争取外援;可以利用身边一切可以利用的物品,如钥匙、笔、发夹、砖头、沙土等同其搏斗;还可采取抓、踢、顶、撞等方法猛击其要害部位,争取逃跑的机会。另一方面,如果当时的情况不允许硬碰硬,切忌蛮干,一定要设法(必要时牺牲部分利益,有所让步)创造条件脱身或争取外援。不论采取何种办法,都要设法记住不法分子的特征(年龄、身高、体态、口音等),尽可能留住物证(血迹、精液、阴毛、指纹等),为日后破案创造条件。

2.要敢于依法打击犯罪,维护尊严

一旦遭到性侵害,不能怕影响名誉而不向公安机关报案或私了,要立即报案,依靠组织和法律,使不法之徒受到严惩,维护自己的合法权益。

3.正视性侵害带来的后果

一是要树立正确的观念,虽遭性侵害,但被侵害者是无辜的,周围同学和社会舆论不会因此对其另眼相待;二是要打破"一朝失身,终身有瑕"的精神枷锁,正确对待人生道路上的挫折;三是要接受教训,如果也有自身的某些原因,就要吸取教训,提高自己的防范能力,使自己更加成熟。总之,要调整心态,正视性侵害带来的后果,必要时可进行心理咨询。如发现意外怀孕,一定要到正规医院就医。

三、预防被拐卖

拐卖是指不法分子以出卖为目的,利用欺骗、利诱等方法,使被害人轻信后,置其于控制之下,而后卖掉赚钱的行为。

大学生是受教育程度相对较高的人群,大学生被拐卖事件却屡屡发生。究其原因,有的因为想找个好工作,轻信人贩子的谎言,然后上当被拐卖;有的是因缺乏生活常识,麻痹大意,喝了人贩子有问题的饮料,在不清醒的状态下被拐卖;有的因交友不慎被拐卖;有的因想占便宜,轻信人贩子的许诺被拐卖等。大学生被拐卖案件频发,发人深省。

(一)大学生被拐卖的原因

个别大学生之所以会轻易被人贩子拐卖,除了不法分子的狡猾外,就大学生自身的原因看,主要有以下三点。

一是缺乏社会经验,不能有效辨别或及时识破人贩子设计的各种圈套。

二是缺乏警惕性,轻易相信初识者或陌生人,思想上麻痹大意。

三是有想占便宜的想法,当人贩子以利益等相许时,经不住诱惑而上当等。

（二）人贩子惯用的拐卖伎俩

一是降低受害者的警惕性，破除其思想防线。用花言巧语哄骗，或热情地提供"帮助"，或给予小恩小惠，取得受害者的信任，解除其戒备心理。

二是投其所好。以利益、名誉诱惑受害者，通过接触或事先了解，针对受害者的需求，投其所好或给以许诺，设法使其放松警惕。

三是假借交朋友，使受害者放松警惕。

（三）怎样防止被拐卖

一是保持思想上的警惕性。特别是独自一个人外出或活动时，在任何情况下都不要放松警惕，遇事多问几个为什么。

二是不要有占便宜的想法。特别是当好处无缘无故地降临到自己面前时，切莫轻信，坚信天上不会掉馅饼。

三是不要随便吃、喝陌生人的东西。

四是慎重交友。面对不熟悉的人的邀请，不要轻易应邀，一旦应邀，最好把自己去的地方、联系方式、大概回来的时间告知同学。

第二节　财产安全

随着社会的发展和环境的变化，偷盗、抢劫、诈骗等威胁大学生财产安全的犯罪行为在高校校园内日益猖獗。许多大学生都有过自行车、笔记本电脑、钱包、手机、游戏机等财物被盗的经历。在日常学习和生活中，提高警惕，掌握一些防盗窃、防抢劫、防诈骗的方法和技巧，对于确保财物安全和保证学习的顺利进行至关重要。

一、防盗窃

盗窃,是指一种以非法占有为目的,秘密窃取国家、集体或他人财物的行为,它是一种常见的并为人民群众深恶痛绝的违法犯罪行为之一。目前,在高校发生的各类案件中,盗窃案高居榜首,并且呈上升趋势。

(一)校园内防盗窃

高校校园内的盗窃案,按作案主体进行分类,可分为外盗、内盗和内外勾结盗窃三种类型。外盗是指校外社会人员在校园内实施的盗窃行为;内盗是指本校学生或内部工作人员实施的盗窃行为;内外勾结盗窃是指本校的学生或工作人员与校外的盗窃分子相互勾结,共同盗窃学校内部财物的行为。少数大学生缺乏法律意识,盲目追求时髦,相互攀比,消费水平超出了家庭和自己的经济承受能力。为满足虚荣心,其人生观和价值观发生扭曲,走上了盗窃的道路,从事违法犯罪活动。

1.高校盗窃案的特点

一般盗窃案件有以下共同点:实施盗窃前有预谋、准备的窥测过程;盗窃现场通常有遗留痕迹,如指纹、脚印、撬痕等;盗窃手段和方法常带有习惯性;有被盗窃的赃款、赃物可查。

由于客观场所和作案主体的特殊性,高校盗窃案件有以下具体特点。

(1)作案时间的规律性

作案时间的规律性,是指高校盗窃案件的发生时间相对比较集中。由于高校对学生的生活、学习和休息都有基本固定的时间安排,这种时间上的规律性使犯罪分子对学生的作息规律了如指掌，从而基本上能够掌握学生的活动动向，往往趁学生不在的间隙实施盗窃犯罪。一般来说，新生入学期间、上课期间、晚自习期间、校内举办大型活动期间、期末考试期间、吃饭期间、节假日期间，学生要么在教室，要么在户外，要么已返家，因而宿舍成为犯罪分子的首选目标；而休息期间、吃饭期间、节假日期间，教室也是发生失窃案件的重要地点。中午十二点左右和下午五六点左右，学生多去食堂吃饭，不少人将财物放在教室或宿舍，此时盗窃活动猖獗。

（2）盗窃目标的准确性

盗窃目标的准确性，是指高校校园内盗窃的成功率比较高，窃贼得手的机会较大。具体表现为两点。第一，高校作为一个学生众多的单位，人员出入频繁，门卫一般不予盘查，宽松的管理使不法分子可以轻松进入校内。作案者往往对盗窃的环境很熟悉，对盗窃物的具体位置很清楚，对学生的作息时间也比较了解，因而作案时屡屡得手。第二，高校中很多盗窃案件属于内盗性质，作案者甚至就是本班、本宿舍的同学。大家日常生活在一起，相互不存在戒备心理，别有用心的盗窃者就会留心他人财物的放置情况，对哪个学生有钱或贵重物品，钱或贵重物品又经常放在什么地方，摸得一清二楚，作案便驾轻就熟。

（3）作案技术的智能性

作案技术的智能性，是指高校盗窃案件的行窃手段高明，技术水平相对较高。高校中盗窃案件的作案主体具有特殊性，表现为很多盗窃分子都是高学历、高智商的人，甚至有的本身就是大学生。他们借助现代的高科技手段，把自己的才能用在盗窃上。这类盗窃分子在作案前一般经过周密的谋划和精心的准备，以选择适当的犯罪时机；作案时，往往利用自制的独特工具，轻易达到盗窃目的；作案后，会破坏现场，不留作案证据，不易被发觉，即使被发现，侦查取证也异常困难。

（4）作案人员的特定性

作案人员的特定性，是指高校盗窃案件的作案人员具有相对的特定性。作案人员基本上可以分为周边无业人员、来校务工人员和本校学生三类。其中，周边无业人员、来校务工人员大多把校内家属宿舍区或办公区作为盗窃的主要目标，而本校学生由于宿舍是他们最为熟悉的地方，故盗窃活动的主要目标大多集中在学生宿舍区域。

2. 高校盗窃案的行窃方式

大学校园是个半开放的"小社会"，多数大学生思想单纯，防范意识薄弱，因此，大学校园成为盗贼的目标。盗贼的作案手段多种多样，主要有以下几种。

（1）顺手牵羊

顺手牵羊是指趁他人不在或不备，见财起意，顺手将他人财物偷走。此类案件多发生在校园的公共场所。例如，有些师生把包顺手放在办公室、教室、图书馆、餐厅等地方，一转身包便被作案者偷走。

（2）乘虚而入

乘虚而入是指趁他人没有关门，室内无人之机盗窃作案，此类案件多发生在学生宿舍、办公室等场所。偷窃目标主要是现金、手机、笔记本电脑等方便携带的物品，现场往往翻动较大。在这类案件中，盗窃分子一般不带作案工具，作案时间短，作案后迅速逃离现场。

（3）内部盗窃

内部盗窃是指同一住所内的人员间的盗窃，此类案件多发生在学生宿舍和职工集体宿舍。内部盗窃案件目标明确、手段隐蔽，不易防范，具有更大的危害性。作案者往往趁宿舍无人或大家熟睡时作案，事后虽然会引起怀疑，但苦于没有证据，最后大多不了了之。

（4）翻窗入室

翻窗入室是指作案者翻越没有牢固防范设施的窗户、气窗等入室行窃，此类案件多发生在办公楼、职工宿舍和学生宿舍。作案者往往事先踩点,入室窃得所图钱物后,又堂而皇之地从大门离去,所以有时很难防备。

(5) 撬门扭锁

撬门扭锁是指盗窃分子采用暴力手段撬开门锁、窗户护栏等方式进入室内偷窃作案,此类案件多见于宿舍、办公室等场所。常见的手段有插片开门、撬门等。这类盗窃者多为狂妄胆大之徒,往往随身携带螺丝刀、水果刀等作案凶器,如果被发现,可能会持刀行凶。作案现场的特点是室内翻动较大,抽屉、箱子被恶意撬坏,盗窃目标以现金和价值大且便于携带的物品为主。

(6) 盗取密码

盗取密码是指作案者有意获取他人存折与信用卡密码并伺机到银行盗取现金,此类案件多见于内盗案件,并且以关系相好的同学或"朋友"作案较多。

(7) 窗外钓鱼

窗外钓鱼是指作案者用竹竿、铁丝等工具,在窗外或阳台处将室内衣物、背包钩出,有的甚至利用钩到的钥匙开门入室进行盗窃。此类案件多发生在天气炎热的夏季,大学生为了凉快通风,通常开着窗户,为作案者窗外钓鱼提供了机会。

3.高校防盗的基本方法

(1) 养成随时关窗锁门的良好习惯

离开教室或宿舍,要随手关好窗户锁好门,千万不要怕麻烦。即使是短暂离开宿舍或教室,也要随手关好门窗,以防犯罪分子乘虚而入。

(2) 不要轻易在宿舍留宿他人

同学、老乡和朋友来访本来很正常,但有些学生对来访的人并不十分了解,碍于面子便轻易同意其留宿。一旦违反学校学生宿舍管理规定,随便留宿不知底细的人,等于引狼入室。如果来客一时无法离校,学校和周边都有招待所可以接待。

（3）对形迹可疑的人应提高警惕

高校既是学生学习的场所，也是学生交际的场所。校内校外人员来往频繁，学生教室不固定，学生宿舍进出管理不严，这就给盗窃分子以可乘之机。在这样的情况之下，提高警惕对于防盗意义尤其重大。当看到有可疑人员在教室或宿舍窥探张望、来回走动时，应主动上前询问，由于做贼心虚，盗窃分子往往会露出马脚，面对这种情况要加强戒备，进一步盘问或交给值班人员处理。如果发现其带有作案工具或贼赃，更应立即汇报，同时要稳住对方，防止作案者逃跑。

（4）不要把物品乱丢乱放

在日常生活中，有些大学生经常丢三落四。每到一个地方，把自己随身携带的物品（如钥匙、手机、书包等）随便一放一丢，就开始做其他的事情，甚至离开时忘记了来时所带之物，这就给盗窃分子提供了作案的机会。

（5）积极参与安全值班，共同维护集体利益

作为学校的一员，维护集体利益的安全是每一位学生的责任和义务。因此，大学生应切实行动起来，维护自己和他人财物的安全。其中，比较可取的做法就是积极参加教室和宿舍等场所的安全值班。这样，既协助了保卫部门的安全防范工作，又增强了安全防盗意识，还锻炼和增长了自己的才干。

4. 贵重物品的防盗

大学校园的易盗物品主要有现金、有价证卡、自行车及其他贵重物品等，大学生要养成良好的生活习惯，避免盗贼靠近。

（1）现金

现金是所有盗窃分子图谋的首选目标，将其存入银行是最好的保管办法，尤其当数额较大时，更应及时存入银行并设置密码。在设置密码时应选择好记且又不易被破解的数字，切忌选择自己的出生日期，否则，一旦存折丢失很容易被熟悉的人冒领。另外，不要把存折、信用卡与自己的身份证、学生证等证

件放在一起，尤其需要注意的是不要将密码写在纸上，与存折一起存放，以防被盗窃分子一起盗走后冒领。在银行或取款机用密码时要快捷，注意有无他人偷看。发现存折丢失，应立即到银行挂失。

（2）有价证卡

有价证卡，是指已广泛使用的各种卡，如饭卡、电话卡、公交卡、上网卡、会员卡等。这类有价证卡最好放在自己贴身的衣袋内，衣袋应配有纽扣或拉链。所用密码一定要保密。在参加体育锻炼或沐浴时，应将各类有价证卡锁在自己的箱子里，并妥善保管箱子的钥匙。

（3）自行车

偷盗自行车是社会的一大公害，校园内也不例外。买自行车时一定要到有关部门办理相关手续。购买二手车时一定要购买证照齐全的车。自行车要安装防盗车锁，并按规定停放，养成"随停随锁"的习惯。骑车去公共场所，最好将车停放在存车处。如停放时间较长，最好加固防盗设施，如将车锁在固定物体上。

（4）贵重物品

贵重物品（如高档衣物、笔记本电脑、手机、黄金饰品等）暂不使用时，最好锁在抽屉或箱（柜）子里，以防被顺手牵羊者盗走。门锁钥匙不要随便乱放以防丢失。最好在价值较高的贵重物品、衣服上有意地做一些特殊记号，以便被偷走后及时查找。

5. 发生盗窃案件的应对办法

一旦发生盗窃案件，一定要冷静应对，并做到：

（1）保护现场，及时报案

一旦失窃，不要惊慌失措，要立即报告学校保卫部门或当地派出所，同时封锁和保护现场，不准任何人进入。切不可急急忙忙地去查看自己丢失了哪些物品。否则破坏了现场有关的痕迹、物证，将不利于调查取证。

（2）发现可疑，及时控制

如果发现可疑人员，一定要沉着冷静地上前询问，并设法将其稳住，必要时组织学生围堵并及时报警，尤其要防范盗贼行凶伤人。在无法当场抓获盗贼的情况下，应记住其特征，包括年龄、性别、身高、胖瘦、相貌、衣着、口音、动作习惯、佩戴首饰等，以便向公安保卫部门提供破案线索。

（3）及时报失，配合调查

如果发现财物被盗，一定要及时到门卫、保卫科报失，必要时直接报警。一定不要认为校园内失窃是正常事，更不能对保卫部门的侦查能力持怀疑态度。事实证明，及时报案与案件侦破的及时性是有很大关系的。报案后，知情人要实事求是地回答公安部门和保卫人员提出的问题，积极主动地提供线索，不得隐瞒情况。事不关己，高高挂起或者怕打击报复而不愿提供线索的做法会给侦查工作带来许多困难，贻误破案的最佳时机，致使犯罪分子逍遥法外。

6.猝遇盗贼的应对方法

俗话说，做贼心虚。猝遇盗贼时，一定不要惊慌失措，要保持冷静的头脑，采取果断的措施阻止盗窃行为，将作案者捉拿归案。

（1）团结一心，以多胜少

由于大学生上课时间不统一，大多数情况下宿舍楼里或多或少总留有一部分同学。如果在宿舍里发现盗贼，要及时采取有效措施防止盗贼逃跑，如把门反锁等，并根据当时的具体情况设法尽快告知值班人员和其他同学。如果没有惊动盗贼，应一面守住门或通道（包括后窗），一面叫同学帮忙。如果盗贼已被惊动，就应大声呼叫，招呼同学一起围堵。

（2）勇于斗争，大胆缉贼

在学生宿舍这种寡不敌众的特定环境中，绝大多数盗贼不敢轻举妄动。如撞见盗贼正在作案，不要害怕，一面尽快拿起身边可以用以自卫的工具，如凳子、棍子等，以防盗贼逃跑，一面大叫"捉贼"，招呼同学帮忙。如果盗贼行凶，可进行正当防卫。一般情况下，几分钟内其他同学或门卫值班人员就会纷纷赶到。

（3）随机应变，安全第一

和盗贼对峙时不要离得太近，保持一定距离，谨防其行凶伤人。如果盗贼逃脱，应紧追其后盯住目标，同时呼叫"抓贼"。只要盗贼不在视线之外，校园里师生众多，就有将其抓住的机会。如遇盗贼是团伙作案，在他们分头逃跑时，要集中力量抓住其中一个。一般来说，团伙作案被发现后，出现作案者行凶伤人、夺路而逃的可能性极大，应随机应变，注意安全。

（4）抓住窃贼，妥善处理

窃贼一旦被抓，应该一面采取强制措施将其控制住，一面通知学校保卫部门来处理。同时，应注意不能疏忽大意，要预防盗贼乘机逃走或猝起伤人；强制程度要适当，不能随意殴打辱骂，如将盗贼打伤或致残、致死是需要承担法律责任的。

（5）盗贼逃脱，记住特征

在盗贼无法被当场抓获的情况下，应记住其特征，如年龄、性别、身高、体态、相貌、衣着、口音、动作习惯，佩戴的戒指、手链、项链、耳环等所有能辨别其身份的特征，以便公安、保卫部门破案。

（二）公共场所防盗

1.图书馆防盗

图书馆既是大学生学习的主要场所之一，也是人群聚集的场所，因此图书馆是作案者经常光顾的地方。大学生在图书馆自习或查阅资料时，要提高安全意识，牢记防盗措施。

（1）严格遵守图书馆的规章制度

图书馆发生的盗窃案大多数为本校学生所为，他们往往以在图书馆自习或查阅资料为名，伺机盗窃，盗窃的主要对象就是那些"心无旁骛"的学生。在此情况下，要想专心学习而又不用担心财物被盗，就要遵守图书馆的规章制度。现在各高校图书馆基本上都制定了如财务保管之类的防盗制度和内部规则。严格遵守图书馆的这些规章制度，不仅可以保障图书馆的有序管理，也可以使盗窃分子无机可乘，从而预防盗窃案的发生。

（2）不要随意搁放衣服

有些学生到图书馆后，习惯于把外套随手搭在椅背上，这种习惯极大地方便了作案者行窃。因此，要妥善放置临时脱下的衣服，以防被盗，尤其是当衣服里装有现金或贵重物品时，更要小心谨慎，防止盗贼见财起意。

（3）贵重物品要妥善放置

大学生在图书馆，不管是查阅资料，还是上自习，都要妥善放置贵重物品（如手提电脑、手机、手表、饰品等），切不可将其随意放在桌上，暴露在众人的视野之内。尤其是当需要暂时离开时，更应将贵重物品收好带走或嘱托同伴代管。

（4）不要用书包或衣物占位

占位在高校图书馆是一种很普遍的现象。很多学生在吃饭或上课之前喜欢用书包或衣物在图书馆为自己或同伴占好位置，然后再离开。盗窃者瞅准主人不在，放肆地翻检用于占位的书包和衣物，偷走值钱的物品，或者干脆拎走书包，拿走衣物。

2.体育场所防盗

体育场和操场是盗贼经常光顾的地方。在体育场所活动要注意以下三点。

（1）轻松上场，少带现金

大学生到体育场所进行体育锻炼时，尽量不要带贵重物品，如手表、饰品、手机等。携带现金要以够用为宜，不宜携带过多。

(2) 衣物不乱放，寄存可靠处

在体育运动过程中，如有衣物不能随身携带，一定要交管理处保管，或者放在自己能看到的地方，不要放在自己的视线之外。不要将衣物随便交给陌生人看管。

(3) 提高警惕，防范嫌疑人

对于一些形迹可疑的人，要提高警惕，特别是对那些东张西望或在自己物品前徘徊的人。如发现有人对自己存放的衣物图谋不轨，可借机上前询问，或直接将衣物拿走。

3.食堂防盗

大学生在食堂就餐的时间比较集中，而且人声嘈杂，给作案者以可乘之机。大学生要提高警惕，远离饭桌上的盗贼。

(1) 贵重物品不离手

在食堂就餐时，不要把贵重物品放在座位上。起身洗手、取东西时一定要将贵重物品带在身边，以防盗贼顺手牵羊。

(2) 排队不忘身边人

排队购餐、充钱时，应多留意周边环境，防止有人偷盗。如果书包中有贵重物品，最好不要背在身后，应将包放在自己的视线范围之内。

(3) 饭卡管理要妥当

对于自己的饭卡，不要随手乱放。如有丢失，要立刻到食堂管理处进行挂失。最好设置密码和最高消费额限制，减少饭卡丢失后的损失。

4.逛街购物防盗

商场、超市等地人口密集，人员流动较大，向来是盗窃分子寻找作案目标的主要场所。大学生在逛街时要小心防盗。

(1) 携带的现金要保管好

逛街的时候，尽量不要携带大量现金。如果确实需要带大量现金，应妥善保管。除了必需的路费和零用钱外，其余的应分散贴身放置。如带有行李包，不要把钱包放在包的底部或边缘，以免被盗贼割包窃走。背双肩包尤其要注意，装有钱包等贵重物品时不能将其背在背后，应把包放在身前。

（2）财不外露，提高警惕

购物付款时要小心，先观察是否有人注意再掏钱，清点收好现金再离开。在人多眼杂处尽量不要翻点，以免被盗贼盯上。当然也不要小心过度，以免引起有经验的盗贼的注意。

（3）包或衣物不离身

买衣服时如果需要试衣，试衣之前一定要将背包、手袋和衣物等交给同伴看管。没有同伴的，可随手带进试衣间，出来时再随手带出。在超市购物时，最好将背包、手袋和衣物存在存物处，如果确有必要随身携带，应拿在手里，不要放在手推车或购物筐里，以防被拎包。总之，应做到携带物品时刻不离身。

（4）吃饭不忘防盗窃

逛街之余，在外就餐时，应将背包和手袋放在自己身边，至少是能照看得到的地方，有条件的可以请服务员用衣罩把包或手袋罩在椅子上。

（5）同伴之间相互提醒

与同学外出逛街时，要相互提醒、相互关照。留心观察自己或同伴是否已被扒手盯上，时时提醒同伴注意随身所带物品的安全。同伴之间的这种互相照应会大大减少盗窃分子的作案机会，降低财物损失的概率。

（6）随机应变，谨慎追赃

一旦发现钱物被盗，且估计窃贼还未逃离现场，千万不要忍气吞声，自认倒霉。例如，在公交车上发现被偷，可通知司机或售票员，不要开车门，并拨打110，等待巡警来检查处理，同时还要注意是否有人往车厢地板或窗外扔赃款、赃物。如已无法找到扒手，应尽快到失窃地所在的治安保卫部门或公安机关报案。

5.公交车防盗

一般来说，公交车乘坐方便、便宜，是广大学生出行的重要交通工具。然而，频繁地发生在拥挤的公交车上的盗窃案也让很多人防不胜防。大学生乘坐公交车时要小心防范，以免被窃。

（1）上车谦让不要挤

有时谦让不但是一种美德，更是一种自保之道。上公交车时如果人比较多，而且拥挤，可以让其他人先上。现在的盗窃多是团伙作案，通常是几个人扮成上车的样子把盗窃目标挤在中间，一会儿工夫，盗窃目标的钱包或手机等贵重物品便成为盗贼的囊中之物。

（2）备好零钱不露财

经常有人上车以后站在投币箱旁边，拿出自己的钱包找零钱，这样就把自己的财物暴露给了别有用心的小偷，为其提供了尾随作案的机会。

（3）不在上下车门口聚堆

上下车门口人来人往，人多聚堆，不容易防范，小偷非常容易得手。得手后，车门一开，盗窃分子趁势下车，贼赃难以追回。

（4）留意不安分的乘车人

不法分子最基本的特征便是不安分。只要认真观察，就能辨认出来。这类人有三大特征：首先是眼睛不安分，总往别人的手袋、裤袋上瞄。别人都在找座位，或者找站得稳当、舒服一点儿的地方，他们却在四处瞄人，看他们的视线就可以判断出很多信息，进行防范；其次是手不安分，站在公交车内不拉扶手，借助手里衣物的遮挡而随时准备盗窃；最后是脚不安分，总是有意无意地移来移去，从一个人身边移到另一个人身边寻找目标。

（5）护好行李不懈怠

在公交车上，大学生要注意照看自己的背包或提包。一般来说，背在前面比后面安全，拿在手里比背着安全，而无论放在哪里，都要时时"感觉"得到它的存在。如果无座时,也要一只手扶车内扶手,另一只手护好随身携带的提包或背包。

6. 旅途防盗

路途中,大学生是盗贼"青睐"的群体,特别是在放假、开学、节假日期间,盗贼猖獗。大学生在旅途中除了要提高警惕之外,还要做好充分的预防措施。

(1)钱分两处放

旅途中,尽量不带大量现金,特别是开学时的学费和生活费,一定要存在银行卡里,通过银行转账支付。如有需要,将大额现金放在贴身的隐秘之处,外衣口袋或者钱包里只放小额现金。

(2)不与陌生人交谈

旅途中不要与陌生人交谈,更不要谈及有关钱的事情,避免有人借机靠近,伺机偷盗。

(3)睡觉时钱物不离身

旅途睡觉时,一定要把贵重物品放在身下或枕于脑后。事实证明,凌晨时分,既是乘客熟睡之时,也是盗贼活动的时间。如有人结伴而行,可轮流睡觉,看管好财物。

(4)警惕窗外"第三只手"

乘坐火车或者汽车时,不要把包放在离车窗很近的地方,防止当车停靠车站时,窗外的人顺手牵羊把包偷走。

(5)财物不离眼

箱包、行李等要放在自己的视线范围内。放在行李架上的行李,最好在自己正前方45°的位置,以保证自己随时可以用眼睛的余光看到,或者一抬头就能看到。车到站时要注意自己的箱包不要被其他人顺手拿走,特别是车上乘客大多睡着时,更要防止有人顺手牵羊,提包下车。

二、防抢劫、防抢夺

抢劫，是指以非法占有为目的，以暴力胁迫或者其他方法将公私财物据为己有的一种犯罪行为。抢夺，是指以非法占有为目的、乘人不备，公然夺取他人财物的一种犯罪行为。这两类犯罪行为都会侵害他人的人身权利，且容易转化为凶杀、伤害、强奸等恶性案件，比盗窃犯罪更具社会危害性。

（一）高校抢劫、抢夺案的特点

1. 作案时间的规律性

高校抢劫案的发生时间具有一定的规律性。以学期为单位来看，每个学期的开学时期是案件的高发期。以一天为单位来看，傍晚或深夜是案件的高发时段，特别是晚自习下课后。开学时，学生往往携带数额不等的现金，有的甚至将全年的学费或生活费带在身上，这引起了犯罪分子的兴趣。当夜深人静、行人稀少时，学生的求助往往很难引起他人的注意，学生处于孤立无援的境地，而犯罪分子不但人多势众，还能很快逃离现场。

2. 作案地点的隐蔽性

一般情况下，灯火通明、人来人往的地段不会发生抢劫、抢夺案。抢劫犯罪分子作案，一般选择校园内较为偏僻的路段或校园周边地形复杂、人少或夜间无路灯、无监控的地点。在这些地方，犯罪分子容易隐藏行踪，得手后也容易逃脱。

3. 作案目标的选择性

犯罪分子选择作案目标，并非随机挑选。他们往往躲在暗处观察，专门盯住穿着时尚、携带贵重物品、单人行走的学生或在无人地带谈恋爱的大学生情侣。很多大学生喜欢边走路边听音乐，不注意周围的动静，无法发觉有人靠近或跟踪自己，这便给犯罪分子提供了机会。

4. 作案人员的团伙性

为了能够顺利抢劫到财物，一些犯罪分子往往结成团伙，共同实施作案。他们有明确的分工，有的专门物色抢劫对象，有的专门充当打手，有的在实施抢劫前还做了周密的谋划。

5. 作案手段的多样性

犯罪分子实施抢劫的手段通常有以下几种：抓住部分大学生胆小怕事的心理，对被抢夺、抢劫对象进行暴力威胁或言语恐吓，实施胁迫型抢劫；利用部分大学生单纯、幼稚的弱点，诱骗大学生上当，实施诱骗型抢劫；采用殴打、捆绑等行为实施暴力型抢劫；利用大学生热情好客等特点，冒充老乡或朋友，骗得大学生的信任，进而寻找机会用药物等将大学生麻醉，实施麻醉型抢劫；采用摩托车等交通工具，一人骑车，一人抢夺，快速逃脱，实施袭击式抢劫；等等。

（二）高校抢劫案件的预防措施

预防抢劫案件的发生，应注意如下事项：

1. 不携带大量现金

现金是犯罪分子抢劫的主要目标，携带现金被不法分子发现后极易被抢劫。一定要将多余现金及时存入银行，学费最好通过银行汇兑，平时只带少量的零花钱。如必须携带，一定要贴身放置，不要置于手提包或挎包内，更不要向人炫耀。携带大量现金时，要结伴而行，不走偏僻小路，不在晚上赶路。

2. 外出要结伴而行

犯罪分子对大学生实施抢劫，被抢对象多为独行者。因此，外出时应结伴而行，避免独行晚归。特别是晚自习下课后，最好是三五成群结伴而行。

3.不走偏僻小道

根据高校抢劫案的特点,大学生遭到抢劫多发生在比较偏僻、阴暗的地方。大学校园绿树成荫,山清水秀,有的大学甚至有上百年的历史,树林茂密,这些客观环境给不法分子提供了作案条件。因此,大学生尽量不要到人烟稀少、环境阴暗的地方去,如后山、树林等地,尽量不要去闲游、散步或谈情说爱。

4.牢记校规校纪

为确保安全,高校有相应的纪律,如不得擅自在外租房,按时就寝不得晚归等,大学生要自觉遵守。深夜外出、晚归或通宵在外不归,便给犯罪分子作案提供了机会。

5.穿戴朴素不炫耀

处于青春期的大学生穿着打扮过于张扬,或过分时髦,刻意炫富,这样极易给自己埋下祸根。大学生的穿着应以整洁、大方、朴素为主,外出穿戴应以方便为原则。

6.遇事机灵胆大

如发现有人尾随或窥视,不要紧张不安,露出胆怯神态,更不要恐惧失态。可回头多盯对方几眼,或哼首歌曲,并镇定地改变原定路线,朝有人、有灯的地方走,或打电话通知同学。如发现对方带有凶器,可暗自报警。

(三)巧妙应对抢劫

遇到抢劫时,要保持镇定,克服畏惧、恐慌情绪,冷静分析自己所处的环境,对比双方的力量,针对不同的情况采取不同的对策。

1.尽力反抗歹徒

只要具备反抗的能力或时机有利,就应主动反击,以制服或使作案人丧失继续作案的心理和能力。

2. 拖延时间待援助

可利用有利地形和身边的砖头、木棒等足以自卫的武器与作案人形成僵持局面，使作案人短时间内无法近身，以便引来援助者并对作案人造成心理上的压力。

3. 寻机逃跑保安全

实在无法与作案人抗衡时，可以看准时机，跑向有人、有灯光的地方或宿舍区。

4. 巧妙麻痹斗智慧

已处于作案人的控制之下而无法反抗时，可按作案人的需求交出部分财物，并进行语言反抗，对作案人进行说服教育，晓以利害，从而造成作案人心理上的恐慌。切不可一味地求饶，应当尽力保持镇定，与作案人说笑斗口，采取默认方式表明自己交出全部财物并无反抗的意图，使作案人放松警惕，自己则看准时机进行反抗或逃脱。

5. 间接反抗留记号

间接反抗是指趁作案人不注意时在其身上留下记号。例如，在其衣服上擦点泥土、血迹，在其口袋中装点有标记的小物件，在作案人得逞后及时报警，悄悄尾随其后，注意其逃跑方向等。

6. 犯罪特征记心中

注意观察作案人，尽量准确记下其特征，如身高、年龄、体态、发型、衣着、胡须、口音等。

7. 及时报案不犹豫

作案人得逞以后，很有可能继续寻找下一个抢劫目标甚至还会在作案现场附近的商店和餐厅挥霍所得财物。高校一般有较为严密的防范措施，能及时报案和准确描述作案人特征，有利于有关部门及时组织力量布控，抓获作案人。

8. 大声呼救引注意

无论在何种情况下，遇到抢劫时只要有可能就要大声呼救，或故意大声与作案人说话，引起周围人的注意。

第三节　交际安全

一、大学生交际生活的特征和作用

（一）大学生交际生活的特征

人不可无群。大学生不能没有交际生活。交际生活最根本的特征是互动。单方面的活动，由于不能构成互动，因而不能称为交际生活。例如，我们去看电影、看戏剧、听讲座或给所思念的人写信诉衷情，如若对方没有回音，这些都不能构成交际生活，仅是个人单方面的活动而已。

交际生活的范畴十分广泛，它既是人聚群性的生动体现，也是人最显著的标志之一。它贯穿于人类社会的一切活动中。从横向的层次来看，我们可将其分为：物质交往——人们的生产和产品交换等活动；精神交往——语言的交流，思想、意识的沟通。从纵向的层次来看，我们可将其分为：宏观环境——大社会系统中的交往；微观环境——由家庭、朋友、直接影响个人的群体以及生活所属的社区等组成的小社会系统中的交往。从时空分布的层次来看，可将其分为：直接交往——不需要借助中介环节的交往；间接交往——需要中介环节作媒介的交往等。

大学生"恰同学少年,风华正茂",他们的交际生活有别于老年人和中年人,有明显的特征。

1. 注意横向发展,交往对象年轻

随着自我意识的增强,青少年有了寻找共性的需求。大学生在交际生活中一般不太注重与家长、老师之间的交往关系,不再以家庭、学校为主要的思想感情寄托物,他们往往在现实中寻找交往对象,在多姿多彩的社会生活中寻觅志同道合的、年龄相仿的知己,其活动不再局限于学校范围和原有的生活圈。而这种横向交往,对学生的日常生活、学习以及娱乐活动等有着巨大的影响。

2. 交往范围广,开放性强

青年时期是人生中的一个重要时期,广大学生面临着一系列的人生难题,需要去探索、去解决,如读书与成长,升学与工作,理想与道德,交友与恋爱等。因而这一时期的学生好奇心强,认识外界的愿望也特别强烈,这就使他们的交际生活具有范围广、开放性强的特点。

3. 自发性强,情感成分重

大学生的交往大多是在课后的闲暇时间里自发进行的,促进他们交往的因素主要有共同的兴趣、爱好、利益、需求等,比如城市公园里的"英语角"等。青年人往往把"思想感情合得来""有共同语言"作为交往的重要前提。

4. 方式多样,内容丰富

大学生的交际方式多样,有朋友间开诚布公、推心置腹的交谈,有社团组织的联谊会,有舞会、音乐会等活动。大学生在一起既会讨论天下大事,也会谈论衣食住行、吃喝玩乐之类的日常琐事,不拘一格,内容非常丰富。

此外,大学生的交际生活还具有主动热情、自由选择、目的明确、注重实惠等明显的特点。当然,由于他们还很年轻,思想比较单纯,在交际生活中往往还存在片面性和盲目性,但只要加以正确引导,他们是能处理好交际生活的。

（二）大学生交际生活的作用

交际生活是人的一种基本社会需要，与其他年龄段的人群相比，大学生对交际生活有更强烈的探索欲望，因而大学生的交际生活在他们的校园生活中有着重要作用。

1.交际生活是他们重要的社会活动方式

交际是大学生最喜爱的日常活动之一，很多人都把业余的主要精力用于交际生活。像学生会的干部及各社团负责人等，他们平时交际频繁，与社会各方面的联系较多。广泛的交际生活，能使他们的能力得到锻炼，帮助他们更多地了解社会和人生，这对他们以后步入社会，走上工作岗位，无疑大有帮助。据调查，大约 5%的原学生会骨干、班级骨干，在走上工作岗位后很快会成为业务骨干力量。

2.交际生活是他们获得信息的重要渠道

现代社会是一个科技高度发达的社会，是一个信息社会。带着朝气进入各类学校的大学生，他们渴望了解更多的信息以充实自己、开阔视野。现代社会固然有许多获得信息的渠道，但是交际有其特殊的功能。例如，看书、看报虽也是获得信息的渠道，但毕竟太慢，且又有较多的局限性，而交际生活这一信息渠道则是跳过了印刷、出版、销售、阅读等程序，其信息传播速度自然比书报快。由于交际生活往往是面对面的互动，在信息交换过程中他们可以随时随地了解自己关心的问题，使自己的需求得到满足。

3.交际生活能满足他们自由交往的需求

交际生活能满足大学生的情感需求，对其身心发育有着明显的促进作用。交往的需要，在青年心理需要结构中占有重要的位置。在交往中，他们与其他社会成员特别是同龄人相互影响、相互学习、相互帮助、相互模仿，实现思想情感、行为习惯的广泛交流与沟通，使情感需求得以满足。如果没有正常的、必要的交往，就容易使他们产生一种孤独感，产生寂寞和空虚之感，从而损害身心健康。

4.交际生活能帮助他们了解社会

现在不少同学往往局限于家庭和学校的一方天地，对外部世界（即社会）了解甚少，`对现实生活缺乏认识。这无疑会影响他们人生观和世界观的形成。交际生活能让他们看到"外面的世界多精彩"，看到现实生活的"万花筒"，让他们热爱生活、热爱社会，进而帮助他们树立远大理想，正确选择自己的人生道路。这是在家庭和学校里很难学到的。

5.交际生活有助于他们的自我完善

在交际生活中，不少同学不仅能加深对人生、对社会的认识，开阔视野，增长见识，还能不断地完善自我，通过他人对自己的态度、评价来认识自己、反思自己，使自身不断得到完善。

6.交际生活有助于他们建立良好的人际关系

良好的人际关系是建立在志同道合、相互尊重、彼此互相关心的基础上的。良好的人际关系可以使人感受到同学间的温暖，人生的快乐，从而让人心情舒畅，情感愉悦。大学生要想建立良好的人际关系，必须通过各种交际活动，加深相互之间的了解，这样才能确立良好的人际关系。良好的人际关系不仅能给他们提供良好的学习氛围，还能激励他们奋发向上，齐心协力地朝着一个共同目标努力奋斗。

二、交际要注意安全

（一）交友要谨慎

交友，对于一个正在成长的青年人来说是必不可少的。大学生通过他人介绍或偶然相识后双方意气相投，互相吸引，频繁交往，互相取长补短，在朋友需要的时候伸出友谊之手，这就是交友。

交友，有助于建立良好的人际关系，有助于大学生的成长，有助于大学生的工作和学习。比如无产阶级的革命导师马克思与恩格斯，他们是好友，他们的友谊值得当代大学生学习。

社会是复杂的，社会上的人也是复杂的，各人的交友方式也不尽相同。因此，大学生在交友时要谨慎。

1.切忌哥们儿义气

交友是正常的往来，是建立在遵纪守法的基础上的，靠法律和规章制度约束，靠舆论监督等渠道维护与发展。但是不少同学年轻气盛，考虑问题不周全，特别是在交友上常常表现为注重哥们儿义气，这就使得交友失去了原则，在以后的交往过程中也就难免引起行为偏差，从而常常造成许多不良后果。

例如，在某高校就有这样的例子。一个入学时品学兼优的新生在某次交际活动中认识了一位谈吐诙谐、举止潇洒的学生干部，两人谈得很投机，大有相见恨晚之感。在以后的日子里，两人形影不离，常常一起看电影、去KTV、下馆子。随着两人"交情"的进一步加深，这位学生干部又介绍了几位"哥们儿"给这位同学，这下这位同学真的卷进了"哥们儿"的行列。队伍"壮大"了，这位学生干部成了他们的"大哥"，而"大哥"却是傲气十足，是个典型的"好斗的公鸡"，动辄欺负低年级的学生，在学校里成了"飞虎队"队长。对此，这位新生同学虽有自己的想法，但是碍于"盟约"，非但没有阻止，反而盲目跟随。

有一次，他们相约去学校附近的一家饭店吃饭，就因为老板服务"不周"，没有给"大哥"饭前准备餐巾和醋，饭后没有倒开水，这位"大哥"发火了，争执中与老板动起了手，眼看着"大哥"吃了亏，他们几个"哥们儿"都"义愤填膺"，一拥而上，把老板打了一顿扬长而去。后来，老板状告他们，学校保卫部门找到他们，责成他们赔偿损失。谁知，他们不但不认错，竟在这天晚饭后，又一窝蜂冲进了那家饭店，并用板凳打伤了老板。殴打过程中，这位新生用空酒瓶砸到了老板的头，老板顿时晕了过去，而他们却说"装死"，又一阵拳打脚踢，"解恨"后方离开。第二天，公安部门找到学校说：老板重度脑震荡。这几位"哥们儿"被依法逮捕。曾经想学点真本事报答父母养育之恩的这位新生悔不当初。

2.切忌庸俗的礼物来往

建立在物质基础上的友谊，犹如在沙滩上建的宝塔，因为基础不牢靠，随时有倒塌的危险。那种靠"烟搭桥，酒铺路"的做法，是世俗的庸俗的做法，我们应坚决摒弃。

交友应看重品德和思想，交往过程应该是"君子之交淡如水"。彼此应该多学习长处，如学习方法、思想品德、好的作风等。这种朋友，才是牢靠的朋友；这种友谊，才是真正的友谊。我们要切忌庸俗的礼物来往。

例如，一位同学偶然认识了一个在学校所在地工作的老乡，后来这个老乡到学校几趟，并顺便带来一些苹果、橘子等作为礼物，这位同学欣喜之余，认为"有来无往非礼也"，便积极招待，一次比一次热情，还自觉招待不周。而自己囊中羞涩，家境拮据，为了"保证"在老乡、朋友面前不丢面子，他甚至偷了同宿舍同学的钱。一次得逞，以后胆子更大了，然而就在他一次一次"庆幸"的时候，学校领导找到了他，他被处分了。他痛哭流涕地说："都是要面子的思想害了我。"

必须指出，在人与人的交往中，必要的"礼尚往来"是人之常情。但大学生在交友过程中如果只以物质为重，这就使得交友附加了条件，从而使交友失去了原有的内涵。

3.切忌与带有某种不良政治目的的人交友

与思想正派、关心国家大事、积极向党组织靠拢的同学交友，能使自己思想进步，奋发向上；反之，与带某种不良倾向的人交友，也会使自己的思想受到不良倾向的影响。古人说"近朱者赤，近墨者黑"，就是说，接近好人会让自己也变好，接近坏人会让自己也变坏。

4.切忌跟品质恶劣的人交友

我们看一个人的品行不是看他如何说，而是看他实际怎么做。一些品质恶劣的人，常常用漂亮的言语掩盖自己的真实面目。因此，我们须注意观察、分析，不要轻易表达交友的愿意。

例如，某高校就有这样一个例子。某同学与外校的一个同学"结拜兄弟"，并邀请他到自己的学校来玩玩。有一天晚上，就让他留宿在自己的宿舍里，第二天早上才离开。可是一个星期后，该宿舍被盗了，学校保卫部门排查了好久，毫无结果。后来，这位同学讲了前一周他的朋友来过，通过外调终于查出祸根就是这位"朋友"。原来，他劣迹斑斑，在本校作案多次，已引起保卫部门的注意。这次来该校又故技重施，设法得到该同学宿舍的钥匙，并在一星期后入室盗窃。

5.切忌交酒肉朋友

所谓的"酒肉朋友"就是那些平日聚在一起吃吃喝喝的朋友。这样的朋友一般都缺乏理想，没有什么雄心大志，对生活抱消极的态度，或玩世不恭。他们"交友"的标准是"有酒有肉是兄弟，无酒无肉去你的"，所以千万不要与这样的人做朋友，这样的"酒肉朋友"会让你变得浑浑噩噩，意志消沉，甚至走向堕落。这样的例子很多，就不一一列举。

此外，对女生来说，交友，特别是交男朋友更要格外慎重。大学生在生理上已处于成熟阶段，加之涉世不深，对社会上的一些复杂事情缺乏理性的认识，很容易成为犯罪分子侵犯的目标。

例如，某高校一位女学生，在校内舞会上认识了一位本校的男同学，在交往数次后，该男生给女生过生日，请她吃饭，并劝她喝酒。当女生有醉意后，男生又将她带到宿舍，并在女生不同意但又无力反抗的情况下将她强奸。该女生身心受到极大的伤害，最终在室友的鼓励下，选择报警，将那名男生绳之以法。因此，女同学在交友过程中切忌草率行事，不可轻易相信新结识的朋友，要慎重选择约会的环境，尽量不饮酒，不接受超出一般关系的馈赠。

（二）晚上外出会友要留言留条

在某高校就发生过这样一件事：一位品学兼优的女同学在春季的某一天晚上外出会友后忽然失踪，学校以为她回家了，而家人则以为她在学校，结果找来找去，最后终于在郊外的阴沟里发现了她的尸体，排查结果是被"网友"杀害。如果晚上外出会友时留言留条，很有可能避免此案。留言留条的作用如下。

第一，晚上外出留言留条，对自己是一条安全的措施。给本宿舍的同学留言留条，讲明去何处、办何事、何时回，这样一旦未按时归来，同学和老师就会知晓，主动联系你；若遇上车祸，被坏人袭击或遭遇其他伤害时，老师和同学能根据留言留条及时赶到，避免造成进一步的生命财产损失。

第二，晚上外出会友留言留条，对公安部门来说也是一条线索。如果不留言留条，一旦被胁迫、遭受性侵害或遭遇其他意外事故，就会查无对证，这样既贻误了救援时机，又给社会留下了隐患。

第三，晚上外出留言留条，也便于学校保卫部门的管理。学校的门卫晚上会定时关闭校门，如果留言留条给门卫，你即使回来迟了些，他们也会开门。同时，也可以避免外人冒充学生混入校园。

住宿生外出要留言留条，不住校的学生晚上外出要不要留条呢？我们认为这也很有必要。一些同学有时候晚上外出会友，生怕被别人发现"秘密"，不肯留言留条，这很不妥。从安全的角度考虑，留言留条利大于弊。当然，留言留条不一定都要留给所有人，但至少要向关系要好的同学悄悄交代一下自己的去向，使其心中有数。

三、交际要注意文明

（一）在公共场所要讲公德

我们所说的公德包括两个层次：一是人类的公共生活准则；二是全体公民的社会公德。人类的公共生活准则，是人们在日常的生活中必须遵守的最起码、最简单的道德准则，一直存在于人类社会中。如言谈举止应该有礼貌，应当遵守公共秩序，要尊老爱幼等。这些道德要求，还只属于道德体系的最低层次。全体公民的社会公德，是指社会、国家倡导人们遵守的基本道德规范。它是人们能够基本达到的道德要求。

公共道德是靠社会舆论来约束的，是全社会应该自觉遵守的。虽然有别于法律，不靠国家强制力执行，但作为各类院校的大学生，应该接受社会公德的约束。在生活中，尤其在公共场所要讲公德，这不仅是精神文明建设的要求，还是保障我们人身安全的要求。

我们经常能见到这样的现象，一些大学生在公共场所大声喧哗、随地吐痰，吸烟、酗酒、出言不逊、乱扔果壳，甚至有人在公共场所大打出手，影响很不好。这些都跟大学生的身份不相配，实际上就是不讲公德。大学生在公共场所要讲公德，有如下理由：

第一，这是由社会公德本身的要求决定的。公德一方面是人类的公共生活准则，是人们在日常的生活中必须遵守的最起码、最简单的道德准则，当代大学生理应遵守；公德另一方面是全体公民的社会公德，是社会倡导人们遵守的基本道德规范，当代青年当然也不能例外。

第二，这是由大学生的身份决定的。人才是民族复兴的希望，当代大学生是 21 世纪的人才，生活在继往开来的伟大时代。中华民族的振兴，是当代大学生必须肩负的历史重任。若在公共场所不讲公德，一是有损青年人的形

象——虽然穿得漂亮潇洒,斯斯文文,仍会被人鄙视;二是损害了大学生的群体形象。每当有大学生在公共场所不讲公德时,常会听到人们这样感叹:"唉,现在的大学生怎么这样呢?"三是有损学校的形象。一个人的言行虽然代表了自己,但在外界,人们往往把他(她)与一个学校的校风校纪联系起来,人们会说:"这是哪个学校的学生,如此无礼?""××学校的校风校纪可见一斑。"这就辜负了学校和老师的期望。

第三,这是由我们的社会要求所决定的。党和国家一再强调要重视社会主义精神文明建设,要求我们做到"五讲、四美、三热爱"。如果大学生在倡导优良社会风气方面不但不能起模范作用,反而向坏的方向发展,就必然有负于时代对青年人的希望。

第四,这是自身安全的需要。俗话说,"祸从口出""搬石头砸自己的脚"。大学生不讲公德,有时也会给自己带来损伤。大学生还应把在公共场所讲公德当作自己应履行的社会义务,把讲公德视为热爱生活的一种表现。

(二)交际中严禁斗殴

斗殴是指人们在现实生活中超出理智约束的一种激烈的对抗性互相侵害的行为。

1.斗殴的原因

一是少年气盛,血气方刚,一遇不顺眼或不如意的人和事就容易冲动,失去理智。

二是受人唆使,爱打抱不平。有些学生头脑简单,一有人挑唆,便不分青红皂白,鲁莽行事,还以为是"仗义"行为。这样的同学,他们通常不善于思考,性子急躁,是非观念模糊,因而有时连他们自己也稀里糊涂的。

三是"捍卫"小团体利益。这样的同学通常目光短浅,不懂得什么是应该维护的，什么是应该抵制的，把"捍卫"小团体（如班级、社团组织等）的利益当成一种"义不容辞"的职责。

四是法律意识淡薄。有些学生不懂得斗殴是违纪违法、妨害社会治安的行为。他们对法律及有关规章制度了解甚少，不了解自己参与斗殴的危害性，所以他们总在事后感到后悔。

2.斗殴的危害

例如，某高校几位同学一起喝酒，其中一位同学跟另外一位同学开了一个不太恰当的玩笑，引起另一位的不满，两人吵了起来。这位不满的同学越想越气，顺手拿了一个酒瓶砸在那一位同学头上，造成其重度脑震荡。当肇事者被学校勒令退学时，他非常后悔。

由此可见，斗殴的危害在于：①直接伤害对方；②同时也伤害了自己；③严重危害社会治安。

3.斗殴的分类

斗殴可分为突发性斗殴、报复性斗殴、演变性斗殴和群体性斗殴四种。

突发性斗殴：通常是由于偶然的原因而失去冷静，不能正确对待矛盾而引起的斗殴。

报复性斗殴：通常是由于某种奇特的变态心理而产生的斗殴。

演变性斗殴：是在一段较长的时间里滋生的斗殴。

群体性斗殴：是班、系或小团体之间因利益发生冲突而引起的斗殴。

4.预防斗殴的办法

不管哪种斗殴，都具有伤害性和危险性，是一种严重的违法乱纪行为，我们必须加以预防，而在预防时，又要因其性质不同采取不同的措施。

（1）预防突发性斗殴的办法

有人总结经验说，"说服"是预防这种斗殴最有效的办法。我们认为"说服"之所以好，就在于它能根据不同对象的年龄特点，晓之以理，指出"一失足成千古恨"的后果，使对方冷静下来，不要走极端。

例如，一位大学低年级的同学骑自行车上学，不慎撞着本校另一位高年级学生，那位高年级同学一把将他的自行车推倒，提起拳头就要打，低年级同学连忙向他道歉道："刚才是我的不对，我向你赔不是。如果撞伤了，医药费我负责，如果要打我，那就是你的不对了。同一个学校的同学在路上打架，影响不好，而且还会影响你毕业。"那位高年级同学被说服了，本来要爆发的斗殴也就避免了。

（2）预防报复性斗殴的办法

有人说，"警喻"能使有报复心理的人消除报复念头。所谓"警喻"就是对存有报复心理的人，借用类似的例子劝告他，使其知晓报复性斗殴的坏处，由此打消报复的念头。这种"警喻"的办法，如果做在前、做得好，是很有效果的。例如，某一位同学失恋后，萌生对女友进行报复的念头，想用硫酸毁其面容，他的好朋友从言谈中得知他这一念头后，就把一份刊有"上海李兴华毁女友面容而被判死刑"相关内容的报纸拿给他。他看完后，久久不语，意识到冲动的代价是非常可怕的，最终打消了这个念头。

（3）预防演变性斗殴的办法

演变性斗殴一般滋生过程较长。通常因认识上的分歧或生活上的琐事甚至一两句话，埋下祸根，逐步演变成斗殴。因此，在这个较长的过程中，只要我们关心产生矛盾的双方，从中调解，做好思想工作，他们就可能化干戈为玉帛，就不会演变成斗殴。

（4）预防群体性斗殴的办法

做好群体双方"头头"的工作是预防群体斗殴的最好办法。群体斗殴通常是群体与群体之间发生摩擦或不同群体成员间发生冲突而引发的斗殴，影响很大，危险性极大。在群体性斗殴事件中，"头头"是关键，所以只要我们做好群体"头头"的思想工作，给他们讲清道理，他们就会阻止和取消这种打斗行为。因此，学校中的共青团干部、学生干部平时要多做一些群体"头头"的工作，防患于未然，这对校园内部的安定团结是很有好处的。

（三）与外国人交往要举止得体

为了维护国家安全、民族尊严、国家形象，我国有关部门制定了许多文件，如《涉外人员守则》等。在这些文件中，有几条和大学生关系较密切。

一是未经有关部门允许，不准私自进入外国驻华大使馆、领事馆、公寓；不准拦截驻华外交官及他们的车辆。

二是要提高警惕，不要随意同外国人谈论我国内部情况，泄露我国的秘密。

三是不准与外国人勾结进行走私倒卖活动；不准向外国人索要财物，兑换外币，借阅黄色书刊；不要托外国人套购市场短缺商品，捎带违反海关规定的物品、转递申诉信件和材料。

四是不要轻易把外国人带进重要实验室、重要项目科研机构等单位。

五是女同学跟男性外国人交往时要自重。

（四）在公共场所不能带凶器

大学生外出交际或从事其他活动时，不能带凶器，特别是在公共场所。这里所说的"凶器"，就是指那些能造成伤害或带有破坏性的器械，如匕首、利刃、棍棒和枪支弹药等。之所以不能携带，有以下原因。

1.在公共场所携带凶器可能会造成误会

例如，某高校一位同学外出看戏，在戏场上与一位农民发生争执，双方并未动手，但这位农民从这位同学敞开的衣襟里发现匕首，突然大叫一声"有人要行凶"，引来了许多观众。这位同学被保卫人员带了过去，保卫人员问他："你为什么要行凶？"这位同学莫名其妙。保卫人员又问："不是行凶，那为什么要带凶器？"这位同学说："向同学借来玩玩，我怎么会行凶？"由此我们可看出，在公共场所携带凶器往往会造成误会，也会给公共秩序带来混乱。

2.在公共场所携带凶器可能造成严重后果

一旦发生纠纷和冲突，有些同学会失去理智，拿出凶器，这往往会造成很严重的后果。例如，某学生因买一斤梨子与小贩发生争吵，一怒之下，竟拔出刀来猛刺对方腹部，致使小贩当场死亡。其后果可想而知。

3.在公共场所携带凶器可能会被亡命之徒利用

在公共场所携带凶器，万一被亡命之徒发现后抢走，就会造成意想不到的严重后果。

例如，某学生一天路经街头，看见流氓团伙在打斗，就停下来围观。他手里拿了一根钢鞭，被一流氓看见了，误以为他也是来打斗的，当即把钢鞭夺了过去，先是给他当头一鞭，随后又拿了它乱打，致使好几个人头破血流。

4.在公共场所佩带凶器也有损学生的形象

有些同学喜欢把匕首、利刃带在身上作装饰，耀武扬威，殊不知这会适得其反，给人留下"不学好"的印象，令人讨厌。也许有人会说这是为了预防不测，是出于自卫的需要。但这不是理由，因为在公共场所携带匕首等凶器违反了《中华人民共和国治安管理处罚法》。

第四节 心理安全

一、心理健康与人格培养

（一）心理健康

1.心理健康的由来

"心理健康"一词最早见于英国克劳斯顿博士（Dr. T. S. Clouston）于1906年出版的《心理卫生》（*Mental Hygiene*），但真正建立心理健康基础理论的是美国耶鲁大学法律系毕业的毕尔士（C. W. Beers）。他曾不幸罹患精神疾病住院三年，出院后写了一本书——《我寻回了自己》（*A Mind That Found Itself*）。此书由心理学家推荐正式出版后，心理健康运动便在美国兴起，逐渐发展为国际性运动。美国的心理健康运动引起了世人的关注。1919年，国际心理卫生委员会成立。1930年，在华盛顿召开了第一次国际心理卫生会议。1937年，在巴黎召开了第二次国际心理卫生会议。1948年，在世界卫生组织和联合国教科文组织的支持下，世界心理卫生联合会在伦敦成立。世界心理卫生联合会的成立，推动了心理卫生运动的广泛发展，使得人们的心理健康和保健意识得到增强。世界心理卫生联合会每隔两年举行一次世界大会，共同讨论心理卫生领域的最新进展以及临床应用，以更好地为患者提供治疗。

2.心理健康的内容

何谓心理健康？心理学家英格利士（H. B. English）认为："心理健康是指一种持续的心理状况，当事人在那种状况下能做良好的适应，具有生命的活力，而且能充分发挥其身心的潜能；这乃是一种积极的丰富的状况，不仅是免于心理疾病而已。"

孟尼格尔（K. Menniger）认为："心理健康是指人们对于环境以及人们相互之间具有最高效率及快乐的适应状况。不只是要有效率，也不只是要能有满足之感，或是能愉快地接受生活的规范，而是需要三者都具备。心理健康的人应能保持平静的情绪，有敏锐的智能，适合于社会环境的行为和愉快的气质。"

专家认为，一个心理健康的人必须有：①正常（或常态）的心理；②健康的情绪和情感；③健全的意志；④健康的人格；⑤良好的人际关系。

在1948年阿拉木图的成立大会上，世界卫生组织重新定义了"健康"："健康不仅仅是没有疾病和残缺，而且应在生理上、心理上和社会适应能力都处于完好状态。"总的来说，心理健康指的是个体既能适当地评价自我、接受自我，又能与他人和谐相处；既能适应自己所面临的不断变化发展着的现实环境，又能不断完善和保持自身的人格特征；同时具有良好的自我节制和调控能力，并在认知功能、情绪反应活动和意志行为方面都能保持比较积极的状态。

3. 心理健康的评估原则

在现实生活中，无论使用上述哪种标准，都应当遵循以下几个评估原则。

（1）个体心理活动要与生物学特征相符

在一定的生物学特征下，如不同的年龄、性别、躯体健康状态等，个体会表现出不同的心理活动状况。在评判心理健康水平时，不能偏离生物学特征。

（2）个体心理活动要与客观环境相符

心理是客观现实的反映，任何正常的心理活动和行为、形式或内容均应与客观环境保持一致，即具有同一性。人的心理若与外界环境失去同一性，就难以为人理解。例如，在出现幻觉的状态下，人的心理活动就不能算是正常的。

（3）个体心理活动内部各成分间协调统一

一个人的认知、情感、意志行为应是一个完整和协调一致的统一体。这种完整性是确保个体具有良好社会功能和有效地进行活动的心理基础。

例如，一个人遇到一件令人庆幸的事情，若没有外界压力或其他意图的话，他在感知此事的同时，应有愉快的情绪体验以及相应的表情，并以欢快的语调和行为来表达。如果此人用低沉而不愉快的语气诉说这件令人愉快的事情，并作出痛苦的反应，那么他的心理就处于不健康的异常状态。

（4）人格的稳定性

人格（个性）是个人在长期的生活过程中形成的独特的心理特征。人格（个性）一旦形成就具有相对的稳定性，并在一切生活中显示出其区别于他人的独特性。在没有发生重大变故的情况下，人格（个性）是不易改变的。如果一个爽朗、乐观、外向的人，突然变得沉默、悲观、内向，说明他的心理和行为已经偏离了正常轨道，意味着心理活动可能出现了异常。

4.保障心理健康的方法

预防问题是解决问题最好的方法。虽然心理治疗的技术已日趋成熟，但在确定或者需要对某人实施治疗之前，心理疾病就已经生根，并且已经对这个人的日常生活、交际生活、工作或者事业造成了破坏性的影响。因此，为了减少心理异常状况的发生，提高心理健康的水平，我们应当从日常的心理保健做起。

（1）讲究心理卫生

所谓心理卫生是指以积极有益的教育手段和措施，维护和改进人的心理状况，以适应当前和未来的社会环境。

讲究心理卫生，首先，要注意用脑卫生；其次，要避免或减少心理失调或精神疾病的发生；最后，要及时排除各种负面情绪。

（2）增强情绪的自我调控能力

调整情绪的中心环节就是要培养承受痛苦的能力。通过调整情绪，使诸如焦虑导致恐慌、沮丧导致失望等不良情绪的恶性循环得到控制。

（3）培养和完善健全的人格

只有具备健全的人格，才能正确地评价客观事物，采取恰当的态度，体验正常的情感，作出正确的反应。因此，培养和完善健全的人格对于维护心理健康具有重要的意义。

（4）积极参与社会活动，懂得寻求社会支持

要积极参与社会活动，对社会活动有强烈的兴趣，并致力于社会的健康发展。要具有与人交往的能力，必要时勇于向他人，包括社会上各种服务性机构求助，但求助时要了解关系亲疏不同者所能提供的帮助不同。一般来说，与我们关系越近的人，向我们提供帮助的可能性越大，而专业人员的帮助效率则较高。懂得求助也包括善于主动寻求并听取他人的意见和忠告，借助他人的知识、经验、思维方式，使自己摆脱困境，有人将这称为"利用外脑"。向亲友求助时要体谅他人，不强人所难。

（5）坚持健康的生活方式

生活方式是指人们在日常生活活动中所遵循的行为规范，即习惯了的生活活动形式。健康的生活方式应包括：首先，起居有常，早睡早起，保持充足的睡眠（每晚8小时左右）；其次，一日三餐，均衡膳食，每天坚持吃早餐；再次，控制体重，保持体重在正常水平；最后，适量运动，每周至少进行2~3次体育锻炼；不吸烟、少饮酒。

（二）人格培养

1.人格的内涵

"人格"一词来自拉丁文 persona——"面具"之意。面具最初指的是在戏台上扮演角色时所戴的一种特殊脸谱，它能表现剧中人物的身份，如我国京剧中的脸谱。后来，心理学家借用这个术语来说明每个人在人生舞台上各自扮演的角色及其不同于他人的精神面貌，于是就有了人格一词。人格一词出现后，被移植到哲学、法学、文学、伦理学、社会学、心理学等学科中，开始成为多种学科的研究对象，它的含义也越来越丰富。简单来说，人格主要是指一个人的品格、品质、格调、境界、道德水平，以及尊严等。在西方，人格一词还有

"容貌、仪表、给人留下印象"的意思。在英文中，personality一词本身便十分抽象，内涵丰富。

目前，在心理学范畴中，人格被界定为：在自然与社会因素的交互作用下所形成的个体特有模式。这一模式是一个人思想、情感及行为的统一体，它包含了一个人区别于他人的稳定心理品质。其中包含了两方面的内容。一是指一个人在人生舞台上所表现出来的种种言行，人遵从社会文化习俗的要求而作出的反应。人格所具有的"外壳"，就像舞台上根据角色要求所戴的面具，表现出一个人外在的人格品质。二是指一个人由于某种原因不愿展现或内隐的人格成分，即面具后面的真实自我，是人格的内在特征。这些描述仅仅是对人格概念的一种形象化理解。

我国心理学界一般将人格定义为：个人相对稳定的比较重要的心理特征的总和。这些心理特征包括：个人的能力、气质、性格、兴趣、爱好、倾向性等。每个人的心理特征是不同的，所以人格表现也千差万别，其中比较重要的心理特征是气质和性格。

2.健康人格的培养

塑造和培养良好的人格是个体成长和发展的关键。人格是在先天遗传的基础上，在环境和教育中，在个体的努力下逐渐形成的。每个人都有着与他人不同的人格特征，这些特征决定着个体是否有能力，是否有崇高的理想和坚持不懈的恒心。是否有良好的个性品质，决定着个体能否有所成就，人生是否充实、幸福，能否实现自身的社会价值。

人格的培养不是闭门造车，是要面向丰富的现实生活的。具体来说，培养健康人格的途径主要有以下几种。

（1）择优汰劣，优化组合

人格塑造是为了人格优化，以达到人格健全。人格优化包括人格品质的优化和人格结构的优化。每个人的人格都是多方面、多层次的，总有它的闪光之处，要抓住闪光处，悉心培养，使之稳定并不断扩展。这就是择优，即选择良好的人格品质作为自己努力的目标，如自信、开朗、勇敢、热情、勤奋、坚毅、诚恳、善良、正直等；汰劣即针对自己人格上的缺点、弱点予以纠正，如自卑、胆怯、冷漠、懒散、任性、急躁等。这就要求每个个体学会自我分析、自我评价、自我调适。要特别注重运用心理治疗中的相应方法，摆脱人格障碍。优化人格组合，还必须参照一定的标准，在标准的要求下进行。我们前面所提出的健康人格标准就是人格优化的目标，这种优化能对人的学习、工作和生活产生巨大的促进作用。性格的品质和结构的全面优化组合、协调发展是人格培养的重要原则和目标。

（2）刻苦学习，丰富知识

人的知识面愈广，人的性格也就更加完善。正如培根在《论读书》中所言："读史使人明智，读诗使人灵秀，数学使人周密，科学使人深刻，伦理使人庄重，逻辑修辞使人善辩。凡有所学，皆成性格。"学习知识、增长智慧的过程也是人格优化的过程。

例如，无知容易粗鲁、自卑、固执，而丰富的知识则容易使人自信、坚强、理智、热情、谦恭等。可见，知识的积累与人格的完善是同步的，所以千万不要将塑造人格与学习分裂开来。同时，知识的学习应该是多层次的，专业知识和社会科学知识对于塑造个体的人格具有同等重要的意义。

（3）积极交往，融入集体

人格的塑造和培养也是人社会化的过程，是人与他人、集体、社会相互作用的过程。人格的塑造必须在个体与外界的交往活动中完成。而交往与活动的载体是集体，集体是展现各种人格的舞台，也是人格塑造的土壤。人格在集体中形成，在集体中展现。正如马克思所说，只有在集体中个人才能获得全面发展其才能的手段。通过与他人交流，可以看到别人的长处，发现自己的不足，从他人那里获得被理解、被肯定的快乐，及时调整人格发展的方向。

个体在生活中应该有意识地积极参加各种集体活动、社会活动，主动和他人交往，使自己融入集体。集体活动有利于培养个体的纪律观念，培养个体关心他人、团结协作的精神。在集体活动中，个体可以充分施展才华，广泛学习他人的优点、学识的精华，全面发展，对培养独立性与创造性有积极的推动作用，还可以借助别人对自己人格的反馈，及时调节自己的人格，使其优化。同时，还可以帮助他人优化人格。人格培养不是封闭的自我设计；培养健全的人格就得跳出"自我"的狭小天地，走向丰富多彩、生机勃勃的集体，在交往和活动中塑造健全的人格。

（4）从小事做起，培养良好习惯

"不积小流，无以成江海"，"千里之行，始于足下"。人格优化就是要从身边的小事做起。一个人的言行往往是其人格的外化。许多人所具有的坚韧、正直、细致、开朗等良好的人格特征其实都是长期锻炼的结果，是一点一滴形成的；而鲁莽、冲动等性格，也与不良习惯密切相关。所以，培养良好人格的重要途径是培养良好习惯，每个个体要努力制定合理的目标，从改变自己不良的习惯入手，从我做起，从小事做起，培养良好的生活习惯，塑造健康人格。

（5）面向社会，勇于实践

社会是个大舞台，每个人只有到社会生活中锻炼，才能把握自己的角色，形成自己独特的人格。学习活动可以培养人格，但学习绝不是唯一的途径。

社会实践的内容丰富，形式多样。积极参加各种实践活动，能培养个体负责任、勤奋、耐心、细致、甘于奉献等优良的品质，还能培养个体热爱祖国、团结协作等品质。实践证明，积极参加社会实践的个体大多头脑灵活、眼界开阔、独立性强、富于创造性、善于交往，且具备自信、果断等良好人格特征。这些个体知识面广，社会经验丰富，能很快地适应新的工作环境。特别是目前一些特殊的实践活动，如智能型、创造型的科研活动，不仅具有很高的学术价值，而且还可以培养个体的自主、严谨、细致、灵活、诚实等品质，是完善和培养人格的重要途径。

（6）不急不躁，把握适度原则

在人格发展过程中，把握适度原则是十分重要的，否则就会过犹不及。具体来说，应该是坚定而不固执，勇敢而不鲁莽，豪放而不粗鲁，好强而不逞强，活泼而不轻浮，机敏而不多疑，稳重而不寡断，谨慎而不胆怯，忠厚而不愚蠢，老练而不世故，谦让而不软弱，自信而不自负，自谦而不自卑，自珍而不自骄，自爱而不自恋。把握人格优化的"度"，还体现在人格优化的目标要立足于自己已有的人格基础，实事求是地确立合理的、切合实际的人格发展目标。也就是说目标要适当，不能脱离自己的人格基础。此外，还要注意保持积极乐观的心境，加强意志锻炼，养成良好的思维品质，培养良好的情操等，从多方面塑造自己的人格。

人人都想追求健康人格，但不同的人由于客观条件和具体环境不同，人格层次也不同。人格目标过高会让人产生挫败感；目标过低，人格发展就缺乏内在动力。健全人格的培养和塑造既是个体成长发展的需要，也是时代的要求。只有坚持不懈地努力，才能使我们的人格更加健康、完善。

二、心理应对与挫折教育

（一）心理应对

1.压力与挫折

压力与挫折是一对"孪生兄弟"。人们在日常生活中常常会遇到各种挫折，如上班迟到、丢失财物等，这时人们的身心状况同样也会受到影响。在一项日记研究中，研究者要求一组白人中产阶级的中年男女记录他们一年内的日常争吵（同时还要记录重大的生活变故和身体状况）。结果发现，那些频繁遭受挫折的人，其健康状况也更差。当日常挫折减少时，健康就会有所好转。

研究表明，日常挫折在儿时就会对人产生不良影响。在一项研究中，研究者让 74 名幼儿园孩子报告他们日常挫折的情况。为了得到这一信息，研究者向孩子询问在最近的一个月里，是否出现了"丢东西"或"被嘲笑"的情况。在确定了每件事情是否发生过之后，他们询问孩子是否感觉很糟，从而评估在这些日常挫折中，孩子感受到的压力有多大。在确定了日常挫折带给孩子的影响之后，研究者请孩子的父母和老师指出孩子身上出现的消极行为。结果显示，日常挫折和消极行为密切相关，那些在生活中遭受更多挫折的孩子，其行为的进攻性和破坏性更大。我们通常认为，孩子是无忧无虑的，然而这个研究表明，不少儿童已经感受到了一定程度的压力，并产生了消极的结果。

对于许多人而言，日常的挫折可以被生活中的积极体验平衡掉。这种积极经历和消极经历的相对平衡有利于人们的健康。例如，在一项研究活动中，研究者要求 96 位男性每天汇报他们经历的积极事件和消极事件，同时还要测量他们每天免疫反应的强度。结果显示，积极的生活事件会带来更强的免疫反应，而消极的生活事件则会带来较弱的免疫反应。因此，如果想要基于日常的挫折来预测健康状况，还需要了解那些给人们带来快乐的事情。

2.压力与应对

人生不如意十之八九，大学生应学会正视压力。面对压力，大学生难免会感到心理上的焦虑和生理上的不适，但通过专家的提示和大学生的努力，压力完全是可以减轻甚至消除的。面对压力，专家给我们两种建议：一种是问题取向的应对方式，即当事人根据压力情境改变现有的人与环境的关系；另一种是情绪取向的应对方式，即当事人尝试减轻焦虑而不是直接处理产生焦虑的情境。每个人都会采取独特的方式来处理压力，并且通常是混合地采用上述两种应对策略。一般来说，侧重于问题的应对方式是比较健康的途径，但并非所有的问题都能得到解决。例如，遭遇严重的自然灾害或失去亲人，当事人可能需要先减轻情绪上的痛苦以保持希望,进而改变压力情境。因此,在应对较大的压力时可分为急性期和重组期:前者是进行情绪调节以减轻事件的冲击,后者是对损害、损失或威胁重新进行评价,应对的主要方法是改变人与环境的关系。而当压力没那么大时,当事人可把情境看作是可以改变的,因而可采取侧重于问题的应对方式。

个体如何应对压力呢?专家告诉我们可以从以下三个方面进行调节。

(1)生理调节

学习放松,缓解紧张情绪。缓解紧张情绪的方法有很多,例如,在压力情境下顺其自然;暂时置之不理,让紧张情绪逐渐消散;暂时脱离此情境寻求他人的意见;从事运动或自己喜爱的活动;以幽默感来缓解压力;等等。

坚持锻炼。这也是一种很好的减压方法,锻炼为体内能量的释放提供了一个很好的途径,可使我们的身心得到放松。

转移注意力。有时否认隐藏于压力情境中的威胁,也是一种好的应对策略。特别是当个人无能为力或置之不理也不至于造成太多损失时,否认是个有效的办法。例如,假如不好结果发生的概率仅为1%,或许忽略此情况并没有坏处。

(2)行为调节

①时间管理。善于安排时间和利用时间可以帮助我们提高学习效率,减轻压力。学会按照不同学科的要求合理分配时间,可以有效缓解重压带来的疲劳感。特别是在学期末,考试任务繁重的时候。

②制定力所能及的目标。应根据自己的实际情况制定自己力所能及的目标,以提高学习的效率,减轻因目标过高而产生的压力。

③在学习、娱乐和社会活动中保持平衡。过多地投入学习而缺乏娱乐活动是大学生感到有压力的重要原因之一。学习中应该有张有弛,适度休息。

(3)认知调节

①认知评估。压力过大往往会导致认知障碍。因此,事件发生后,与其让

悲观的评价腐蚀我们的情绪，不如找一个能让自己尽快恢复心理平衡的乐观解释，因为很多时候，是我们的观念而非事实本身给我们带来困扰。

②暂时避免做重大决定。暂时将问题搁置起来，重新评估压力情境，可以降低其威胁性。这时对问题作出的新评估可能是更加现实的，对问题的严重性也会有新的认识。

3.如何面对失恋

爱情是一朵娇艳而美丽的玫瑰，每个人都渴望拥有它的芳香，但它的刺也让人疼痛。很多人都是在经历几次恋爱后，才遇到了真正适合自己的伴侣。尽管如此，在青春年少的时候，失恋总是那么刻骨铭心、难以忘怀。

如何面对失恋，是一个困扰许多大学生的问题。专家告诉我们可以从以下四个方面来转移和稀释自己的痛苦。

（1）有意识地寻找宣泄的机会

在最初失恋的一段时间，不要独自一人，应从朋友和家人那里获得心理支持和帮助，并将自己的痛苦经历说出来，以获得更多的帮助。

（2）还可以和他（她）做朋友

在刚失恋时，和他（她）做朋友几乎不大可能。适当地减少联系，对改善情绪是有帮助的。可在大学里，彻底远离某个人很困难，但是尽可能保持距离是必要的。同时，随着时间的流逝，原来的恋人可能会变成好朋友。

（3）增强自信

失恋不仅会使个体出现一些情绪上的波动，而且更为重要的是每个人都会试图解释自己为什么会失恋。有时候我们遭遇伤害，不是因为我们失去了某人，而是我们通过失恋这件事看到了自己的内心世界。失恋往往会让我们重新审视自我，而这种审视必然会使我们的自尊心受到重创。我们会感到伤心，怀疑自己是不是不够优秀，甚至觉得再没有人会爱我们了。我们必须纠正这些观念：可能是你们之间差异太大。一个人无法控制两个人关系的开始与结束，所以你没有必要一个人独自承受分手的责任。努力去做能给自己带来信心的事情、接受自己,并努力去发现那些喜欢自己的人。永远不要放弃。即使你曾遭受质疑,请记住,不是所有的人都一样,总有一个人是适合你的。

(4) 失恋也是一种学习

无论在失恋之后如何开始自己的生活,都应该把这种失恋的经验当作一种学习。你也许知道了在恋爱中哪些事情可做,哪些事情不可做,这就是一种学习,可以为下一次恋爱建立一个更好的基础。你可以更加小心地保护自己不受伤害,但不要因为担心再次坠入爱河而远离异性朋友。在你真正拥有亲密爱人之前,是需要实践的,所以失恋也是一种学习。

(二) 挫折教育

由于生活中的心理应激源无处不在,因此心理应激也不可避免地发生在每个人身上,不同程度地影响着人们的生理和心理健康。为了解除心理应激对人们健康的威胁,我们必须找出应对挫折的方法。一般认为,要有效地应对挫折,可以从以下几方面着手。

1. 树立正确的观念

虽然个体在心理困惑中会陷入莫名其妙或不知所措的境地,不知道发生了什么事,也不知道可能发生什么事,但可以肯定的是,那些过去有类似经历的人能够从其中获得帮助。有些事件发生后就不可能改变,但我们可以通过改变对事件的评价来缓解内心的冲突。比如失恋了,我们可以说"长痛不如短痛,总比结婚后再发生要好"。此外,任何事都有利有弊,即使最糟糕的事也一样,至少它可以为我们提供经验和教训。

2. 积极调整情绪

例如,通过自己安慰自己来调节情绪,或有意识地提醒自己注意事物积极的一面来缓解沮丧的情绪,等等。良性的自我对话在帮助人们缓解难以忍受的痛苦时非常有用，合理运用能帮助人控制情绪。而且痛苦的感觉越强烈，越有必要努力说服自己，有时甚至需要大声地把发生的事情说出来，或者写下来。

3.建立良好的人际关系

孤立无援的个体很希望得到别人的帮助。每个个体都需要与周围的人保持良好的人际关系，不一定是要为他们提供某种情感支持，而是与他们保持日常联系，共同分享经验，共同面对问题。这样有助于遭受危机的个体重新适应社会，还可以分散他们的注意力，使他们不再被消极情绪困扰。这种良好的关系可以表现为与自己的朋友一起散步、听音乐或是静静地坐一会儿。在危机中能否得到这种帮助，很大程度上取决于社会关系的种类和个人的人格特征。从心理学角度来看，每个人与朋友交往的动机中都包含着自我肯定的成分，人们在交往中倾向于选择能肯定自己价值的人。

4.面对现实

人们习惯于采取积极的态度来应对心理危机，或利用一切可利用的资源来避免心理应激带来的伤害，但到了心理应激的中后期，当个体积极应对危机的策略失败、个体感到绝望的时候，他们就会消极地逃避现实，采取退缩的策略来应对危机，不愿意承认现实情境，或歪曲现实情境。面对现实，正视危机，有利于个体激发自身的潜能，动员一切力量来寻求解决问题的方法。

5.暂时避免做重大的决定

处于心理危机中的个体处理问题的能力比平时要低，由于个体受到问题和情感的双重困扰，搜集信息和处理信息的能力会受到一定的限制。也就是说，这时个体不会深入分析面临的问题，掌握的信息又较少，因而无法作出正确的决策。个体虽然在这时很想摆脱危机，努力寻求解决问题的方法，但危机一旦失控往往会让个体徒劳无功，甚至造成更大的损失。因此在危机时期，不要作重大的决定，这样有利于个体的自我保护，避免个体再次受到伤害。

三、珍爱生命与预防自杀

（一）珍爱生命

法国人文主义作家蒙田（M. de Montaigne）曾说："我们的生命是大自然的厚赐，它优越无比，如果我们觉得不堪生之重压或是白白虚度此生，那只能怪我们自己。"

每个人的生命都只有一次，这仅有的一次生命，是父母给予的，是无比珍贵的。在历史的长河中，人的生命又是短暂的，总有一天会走到终点，浮华散去，一切都如过眼云烟，只有精神长存。就像一支蜡烛，早晚都有燃尽成灰的一天。生命是来之不易的，它值得我们珍惜。我们热爱生命、知识和力量，因为它们都是美好的，能让我们永不放弃。未来取决于我们所掌握的各种才能和努力的程度，取决于我们的智慧、激情，世俗的生活并不能限制我们对理想的追求。因此，当代大学生要有这样的追求：我希望伟大地活着，我希望过一种高尚的生活。

（二）预防自杀

1. 自杀原因与自杀征兆

（1）自杀原因

自杀者大多是由于在生活中遭遇困境而产生激烈的内心冲突，陷入危急状态不能自拔，难以承受或心理异常而产生自毁行为。法国著名社会学家、人类学家涂尔干（Émile Durkheim）按动机不同将人类的自杀行为分为三种类型：

利他型自杀：指自杀是为了有利于他人。凡杀身成仁者，均属于此类。

失意型自杀：指自杀的原因是长期失败、失意，自觉毫无生存意义。

自负型自杀：指自视过高者因怀才不遇或愤世嫉俗自杀。

从现代心理学的观点看，导致自杀的原因很复杂，与环境和个人等诸多因素有关。

一般而言，人们选择自杀主要是由于以下几个因素。

一是难以承受的压力。个体要承受的压力过大，又无法找到适当的途径来疏导心中的压力。

二是感情危机。感情危机会让人产生强烈的情感冲动，甚至一意孤行。恶劣情绪的累积也常导致心理失衡。在一连串的挫败之下，人会逐渐丧失信心，对自己产生怀疑，自暴自弃。

三是不堪病痛。不堪病痛是自杀的一个很重要的原因。一些疾病或伤残无法治愈，给患者带来难以忍受的折磨，患者或者不堪病痛折磨，或者不想拖累亲友，而选择自杀。

四是心理疾病。心理疾病造成自杀也是很常见的，特别是一些以持续颓丧为特征的病症，如抑郁症、精神分裂症、药物依赖等，容易导致自杀。

五是觉得活着没意义。人在孤独的时候，或因种种原因远离自己想做的事情的时候，很容易产生空虚感。巨大的情感创伤也会改变一个人的世界观和价值观，让人觉得活着没有意思。一些过于计较得失的人，在遭遇巨大损失后，不能接受，会产生所有人和物都离他而去的错觉，甚至失去活下去的勇气。

（2）自杀征兆

想自杀的人通常会表现出异常的举动，也就是存在一些自杀的征兆。

第一，情绪反常。持续的焦虑与愤怒，过度的罪恶感和羞耻感，痛恨自己，害怕失去，担心伤害自己和别人，极度悲伤等。

第二，人格改变。越发沉默、消沉、冷漠、犹豫不决，或突然变得活泼、多话、冲动。

第三，行为改变。比如毫无原因地请人吃饭，送人钱财，赠送物品等，有时表现为无法专心做事。

第四,时常谈论生死问题。谈论或撰写有关死亡或毁灭的情节,对死亡的话题感兴趣。

第五,探望亲友。无缘无故去探望自己的亲友。

第六,留下遗书。

第七,与世隔绝,孤立自己。

第八,饮食起居习惯改变。睡太多或失眠,有时候会很早醒来,没有胃口或吃得过量。

2.自杀的预防

(1) 评估自杀的危险因素

有学者提出了评估自杀危险的 4P 模式,即痛苦(Pain)、计划(Plan)、既往史(Previous history)和附加情况(Plus),他们以此评估自杀的危险因素。具体如下。

①痛苦。指被评估者受到了多大的伤害,其所受到的伤害是否是无法承受的。

②计划。指评估他是否定决定了自杀的日期,是否有什么特殊的日子,自杀计划的具体内容是什么,其内容是否致命,他是否真有可能实施这个计划等。

③既往史。指评估既往的自杀企图,重要亲人的丧失,患有重大疾病,婚姻关系的破裂,以及遭到性侵犯等情况。

④附加情况。指评估社会支持的情况,个体抱有的希望与活下去的理由。

如果一个人遭受了常人难以承受的创伤,既往有自杀的尝试,或者他还经历了亲人的亡故、婚姻的破裂、身患重病,周围没有可以对他进行帮助的人,而且他已经设想了在什么时间、用什么方式结束自己的生命的话,他自杀的可能性就非常大,必须引起高度重视,并采取必要的预防措施。

(2) 自杀干预

自杀干预主要是针对诱发自杀的种种因素,采取各种干预措施。自杀干预本身属于心理卫生方面的救助措施，主要是适时对自杀者进行救援，助其渡过危机，然后再从长计议；并且视情况轻重将其转到有关机构进行治疗。国内的一些医疗单位设置的生命热线和一些社区服务机构成立的各种自助组织都属于自杀干预方面的救助措施，目的是为陷入自杀的个体和群体提供及时的心理援助。

要防止自杀，就要有有效的自杀干预措施。个体的自杀倾向或行为，其实也是一种沟通信息，他们的内心常常是矛盾的，如果处理得当，是可以避免自杀悲剧发生的。在进行自杀干预时，以下几点需要特别留意。

第一，要有生命关怀的觉悟。任何人谈及对生命的厌恶感时，都应予以关注，将其视为一种求救信号。即使有些人习惯将"寻死"挂在嘴边或以自杀来威胁别人，也不要忽略他真会自杀的可能性。

第二，对于遭受重大损失的个体，要适时给予关心和安慰，要经常向他表达关心，并让他了解你的关心。对他每多一点关心，就减少了一分自杀的可能。

第三，发现个体有自杀的征兆时，要相信自己的判断，宁可反应过度，也不要麻木不仁，以免追悔莫及。在咨询中或通过日记、信函等发现有自杀倾向的个体，要积极约谈并建立信任关系。

第四，处置自杀问题往往需要家庭的参与。应该积极寻求专业人士的协助，不要有"家丑不可外扬"的心态。

第五，如果个体处在危机阶段，要随时陪在他的身边，并切实找出他可能自杀的原因。

第六，出于安全考虑，把可能的自杀工具拿走。

实际上，大多数企图自杀者并没有完全下决心求死。基于这样的发现，也是由于存在这样的事实——自杀常常是对危机的反应。因此，人们建立了自杀救助热线来帮助自杀者。第一条自杀救助热线建立于20世纪50年代末。自杀救助热线的工作人员通常是志愿者，他们会努力倾听来电话者的诉说，同时与其讨论为什么不要自杀，并告诉他们到什么地方寻求专业的帮助。当接到电话时，自杀救助热线的工作人员首先会设法鼓励对方保持接触，建立一种信任关系，进而通过问话和简单的心理测量来评估对方自杀行为的可能性和紧迫性。如果对方不愿交谈，也要力图安慰、鼓励和说服对方平静下来，等待一下，以便寻求恰当的解决方法。

另一种预防方式是对自杀的高危人群进行教育，包括在学校开设相关课程。在这类课程中，教师、家长和青少年组成讨论小组，共同讨论有关自杀的危险信号，以便发现那些处于危险中的人。

第三章 大学生公共安全教育

第一节 交通安全

一、交通安全的概念

交通安全是指人或物从一地点到另一地点的移动过程中,不被碰撞、碰倒或遭受其他损害,安全、完整到达目的地。交通是指人或物通过某种形式而进行的场所移动过程,也就是地理或空间位置的变化过程。交通是总称,它包括天上飞行的航空运输、水上的船舶运输、铁路上的铁道运输、公路上的道路运输以及各种交通信号等。为了实现交通安全,必须进行交通管理。

二、交通管理的基本原则

(一)各行其道的原则

各行其道是指车辆和行人、快车和慢车,各自在交通法规规定的道路和道路部位按方向通行,即规定属于谁的道,谁就有权走,两者如果发生矛盾,借道通行者应让本道通行者先通行。

（二）保障道路为交通所用的原则

道路是交通的基础，是为交通所设，为交通所用。管理交通必须先管理道路，管不了道路则无交通管理可言。

（三）人民交通人民管的原则

交通管理工作具有广泛的社会性，它涉及每个单位、每个家庭、每个人的切身利益。搞好这项工作，光靠交通管理职能部门的力量是不够的，必须依靠各单位行政领导发动群众，实行专门机关与一般单位相结合，以专门机关为主的方针，即交通管理的社会化。

（四）机动车、非机动车、行人管理并重的原则

这是针对我国混合交通的特点和道路交通的发展需要所制定的原则。在道路交通中，机动车是"强者"，70%的交通死亡事故是由机动车造成的。在城镇、农村人口密度大的地方，70%的交通事故与非机动车和行人有关。《中华人民共和国道路交通管理条例》（以下简称《道路交通管理条例》）强化了机动车、非机动车、行人各自享有的权利和承担的义务。

（五）确保安全的原则

交通只有在安全畅通的条件下才能发展。

三、交通安全及事故预防

（一）校园内交通事故的预防

随着改革开放的不断深入，人民生活水平的不断提高，许多城市中两轮摩托车、电动车、汽车已相当普遍。近几年，学校内机动车的数量迅速增加，但道路还是"马车时代"的道路，机动车数量的增加，再加上学校不断扩大招生，给学校的交通带来了很大的压力，校内道路交通事故呈逐年上升的趋势。校内因交通事故造成的人员伤害和车辆财产损失，给社会带来了极大的危害，给家庭和个人带来了极大的痛苦。预防交通事故，保证校园交通安全，是广大师生和员工的共同愿望。

1.校园内交通的主要特点

路面平直，但较窄，道路两旁树木多，路口也多，视线不好。

机动车相对流量小，但车速快，驾驶员思想易松懈。

人口多、密，但流动性大。由于是在校园内，人们驾车、走路的交通安全意识也比较淡薄。

混合交通。机动车、非机动车、行人都在同一条道路上通行，分道行驶意识不强。

交通安全设施被人为忽略，各种交通标识不足，缺乏专职交管人员。

交通流量不均衡。有些地段流量少，有些地段流量多，校门区是最敏感的区域。

时间比较集中，上下班（课）时段、大型集会和文体活动等时段人流量大。

无证驾驶机动车（特别是两轮摩托车）的情况多，交通违章得不到及时纠正，占道违章、乱停乱放，妨碍交通的现象多。

2.校园交通应注意的几个问题

根据校园交通的特点,为确保人身安全,避免交通事故,大学生必须注意以下几个问题。

第一,不要在校园的路上打闹、踢球,更不要在路上学习驾驶机动车、学骑自行车。

第二,在校内路上散步、行走时要遵守靠右走的原则,并尽量靠边走,以防发生意外事故。

第三,酒醉不骑自行车,无证不驾驶机动车,以免造成交通事故。

第四,驾驶机动车、骑自行车要慢速行驶,注意过往行人、车辆,避免交通事故。

(二)城市内交通安全及事故预防

1.搭乘公共汽车

搭乘市内公交车,要等车到站并停稳后依次登车,绝不能强行上下车,酒后不要单独一人搭乘公交车。

在乘车时,头、手不要伸出车外,要注意妥善保管好自己的钱物,防止被盗造成损失。

要礼貌文明乘车,注意社会公德,不向车内外吐痰,不吸烟,遇有老、幼、病、残、孕妇及怀抱婴儿者,要主动让座。

下车时,要注意左右是否有车辆从车门旁经过,确认安全后再下车。

2.搭乘出租车

需要搭乘出租车时,不要在车道上招呼拦搭。

车未停稳不要上车,途中不要催司机开快车或违章超车,也不要把头、手伸出车外,以免发生事故。

下车时,要注意拿好自己的东西,检查座位上是否有遗漏物品。出租车离去时要记住车牌号，万一有遗漏物品也方便联系寻找。

（三）旅途中交通安全及事故预防

出门旅游，搭乘火车、长途汽车、轮船要注意安全，不要随身携带易燃、易爆以及其他危险物品上车，除必要的日用品和换洗的衣服外，尽量少带其他东西，以便轻装上路。

在车站、码头候车时，要保管好自己的行李，行李不要离人放置，上洗手间时不要将行李交给不认识的人代为看管。

上了车船后，对号入座，把自己的行李集中放到能时常照看到的行李架上，不要分散放。车船开动后不要将身体探出车外。

身上带的钱，除临时花的零钱放在外头外，暂时未用到的钱应多处存放，妥善保管，预防被盗后身无分文而影响旅途。

上下车船时要清点好自己的行李数量，归拢到一起，待车船停稳后再下，不要拥挤。

发现自己的钱物被盗时，应及时向乘警或司乘人员报告，知道犯罪嫌疑人的要大胆举报（但要注意策略方法），并争取其他旅客的协助，制服犯罪分子。

遇到抢劫、生命受到威胁时，在敌我力量悬殊的情况下，不要硬碰硬地同犯罪分子作斗争，在保住自己生命的前提下可放弃钱物，等待机会沉着机智地进行反扑。如果没有机会，等犯罪分子下车或车到站后及时向公安机关报警，防止因钱物而造成不必要的伤亡。

注意自己搭乘车船的应急安全出口及逃生用具的使用方法，以防出事时慌不择路，造成生命财产受损。如果遇到意外事故，要沉着冷静，设法逃生。

与人交往时，不要轻易相信别人，也不要把家庭地址、电话号码等基本情况告诉对方，不随便吃他人给的食物、饮料，防止被麻醉抢劫。

中途转换车船，要注意当次车船的目的地，以防乘错车船，影响旅途。

（四）交通事故的构成要素

道路交通事故常常表现为车辆与车辆相撞，车辆与人相撞，引起财产损失和人员伤亡。但并非只要是车撞车或车碰人的事件就属于交通事故。究竟什么是道路交通事故，什么不是道路交通事故呢？要真正理解道路交通事故的含义，必须了解交通事故的构成要素。一般来说，道路交通事故具有以下九大缺一不可的构成要素。

1. 主体要素

道路交通事故的主体，即引起道路交通事故的人，可能是车辆驾驶员、行人、乘车人及其他在道路上进行与交通活动有关的人员。

2. 空间要素

道路交通事故发生的空间是在特定的道路上，"道路"是指公路、城市街道和胡同（里巷）以及公共广场、公共停车场等供车辆、行人通行的地方。这里所称的特定"道路"不包括厂矿、学校、住宅区内不具有公共使用性质的道路，在这些普通意义上的道路上发生的车祸均不属于道路交通事故，因此其处理权也不在公安交通管理机关，但在必要的时候可以请公安交通管理机关协助处理。例如，校园内路上的车辆与人相撞的车祸事故也被人们统称为交通事故，但不属于道路交通事故。因此，此类事故应由学校有关部门处理，也可由学校委托交警部门处理。

3. 交通工具要素

交通事故涉事各方中至少有一方是正在使用交通工具——车辆。车辆包括机动车和非机动车，如果涉事各方中均无车辆，则事件不属于交通事故。

4. 交通运行状态要素

即至少要有一方车辆处于运行状态。如果是车辆处于静止状态下发生的意外事件，则不属于交通事故。例如，车辆停在路边卸货时，装卸工不慎从车上掉下摔伤，不属于交通事故。

5.交通违章行为要素

即主体具有造成事故的交通违章行为。交通违章行为是指违反交通管理条例或其他有关道路交通管理的法规的行为。如果事件不是由违章行为引起的，则不属于交通事故。例如，因地震、山崩、雪崩等人力所无法抗拒的自然原因引起的翻车，不属于交通事故。

6.事态要素

发生的道路交通事故现象，常见的有碰撞、碾压、刮擦、翻车、坠车、爆炸、失火等。交通事故各种各样，具体情况也千变万化。一般说来，发生的这种事态是由车辆的行驶状态引起的，或者是事故影响了车辆的行驶状态。例如，在正常行驶的客车上，旅客因心脏病发作而死亡不属于交通事故。

7.损害后果要素

即事态造成了人员伤亡或财产损失的直接后果，若没有造成损失，也谈不上是交通事故。例如，李某开两轮摩托车上班，由于超速行车，又遇下雨路滑，在转弯处滑出路外，人车都没有损害，这就不能算是交通事故。

8.主观心态要素

当事人对事态发生的主观心态不是故意的，而是过失。当事人的违章行为可能是故意的，如驾驶员明知是红灯时间而故意闯红灯，但对造成的事故后果却不是故意的，而是过失造成的。如果行驶中的车辆有意撞人，则不属于交通事故，而属于刑事案件。

9.交通性质要素

指事态在具有交通目的的运行过程中发生。如果不具备交通性质，如军事演习、体育竞赛等活动中发生的车辆事故，则不属于交通事故。

以上九个要素是判别交通事故的主要条件，可用来分析发生的事态是否属于交通事故。

有些事件发生在道路上,事件的表象也像交通事故,但实际上不属于交通事故。作为高校学生,对交通事故的概念和判别方式有简单的了解就可以了。

(五) 当事人在交通事故中的注意事项

1.在交通事故现场的不当表现

突然发生交通事故时,由于没有思想准备,面对惨不忍睹的伤亡现场和众多的围观者,许多当事司机束手无策,延误了抢救时机,造成了不应有的损失。

当事人不知如何保护原始现场,使有些本来有理的情况由于现场被破坏或改变而无法说清楚。

由于私心严重或缺乏法治观念,有些肇事者故意破坏、伪造现场,毁灭证据,嫁祸于人。

双方当事人自己"私了"处理。

事故发生后,为逃避法律责任,故意逃离事故现场。

上述这些现象给自己、他人、国家都带来了不应有的损失和危害,造成了不良的影响,当事人应该加注意。

2.发生交通事故后的正确表现

要立即停车,保护现场。若事故造成人员伤亡,要迅速抢救伤者。应仔细检查伤亡情况,拦截过往车辆将伤者送往医院,如无过往车辆而情况又特别紧急,可以自己开事故车直接送伤者到医院,以争取时间。但是,必须将伤者位置和车体位置标明,用石头或树叶等东西把主要部分围起来,禁止车辆或行人进入现场,防止事故现场被破坏。

要赶快检查和救护车辆,消除危险,减少损失,防止车辆着火、爆炸、腐蚀等。

要及时报案,防止因报案不及时而承担不必要的事故责任。要先报交警,再报单位领导和有关部门。如在单位内部道路上发生事故,应向出事属地单位报告。

要委托证人证明，防止与证人失去联系。发生严重交通事故后，驾驶人员应及时注意事故现场的见证人和证据，记下见证人的姓名、性别、单位、住址及电话号码等。

司机不要有侥幸心理而在肇事后逃离，置伤亡人员或国家财产于不顾。作为学生，应及时将事故情况报告学校和同学。

不要伪造现场、破坏现场、毁灭证据，以免事故处理复杂化。

不要隐瞒事故真相，嫁祸于人。

第二节　消防安全

一、火灾的过程、类型及危害

火灾是指在时间或空间上失去控制的燃烧所造成的灾害。所谓燃烧则是可燃物与氧化剂作用发生的放热反应，通常伴有火焰、发光和发烟现象。燃烧必须同时具备可燃物、助燃物和着火源三个条件，缺一不可。有时在一定的范围内，虽然三个条件俱在，但由于它们没有互相结合，互相作用，燃烧的现象也不会出现，切断燃烧的任何一个条件，火都会熄灭。广大学生必须充分认识火灾及其危害性，提高安全防范意识，切实加强消防知识的学习，提高自防自救能力。只有这样，才能有效地预防火灾，减少火灾危害，营造一个安全的学习和生活环境。

（一）火灾的形成过程

实践证明，多数火灾是从小到大，由弱到强，逐步成为大火的。火灾的形成过程一般分为初起、成长、猛烈、衰退四个阶段，前三个阶段是预防火灾的关键。

1.火灾初起阶段

一般固体可燃物质发生燃烧，火源面积不大，火焰不高，烟和气体的流速不快，火势向周围发展的速度比较慢。这一阶段的持续时间，因建筑物结构及空间大小的不同而不同。在这种情况下，只需少量的人力和简单的灭火工具就可以将火扑灭。

2.火灾成长阶段

如果初起阶段的火未被发现或扑灭，随着燃烧时间的延长，燃烧强度增大，温度逐渐上升，燃烧区内逐渐充满烟气，周围的可燃物被迅速加热，此时气体对流增强，燃烧速度加快，燃烧面积迅速扩大，会在一瞬间形成一团大的火焰。在这种情况下，必须有一定数量的人和消防器材，才能及时有效地扑灭火灾。

3.火灾猛烈阶段

随着燃烧时间的延长，燃烧速度不断加快，燃烧面积迅速扩大，燃烧温度急剧上升，达600℃～800℃，气体对流达到最高速度，燃烧物质的放热量和燃烧产物达到最高数值。此时，建筑材料和结构受到破坏，发生变形或倒塌。这一阶段的持续时间，取决于建筑物的耐火等级。在这种情况下，需要组织较多的灭火力量，花费较长的时间，才能控制火势，扑灭大火。

4.火灾衰退阶段

猛烈燃烧过后，火势衰退，室内温度下降，烟雾消散，火灾渐渐平息。

（二）校园常见的火灾类型

校园火灾从发生的原因上可分为生活火灾、电气火灾、自然火灾、人为纵火等类型。

1.生活火灾

生活用火一般是指炊事用火、取暖用火、照明用火、吸烟、烧荒、燃放烟花爆竹等。由生活用火造成的火灾称为生活火灾。随着社会的发展，炊事、取暖用火的能源选择日益广泛，有烧煤、烧油、烧柴、用电等多种形式。学生生活用火造成火灾的现象屡见不鲜，原因也多种多样，主要有：在宿舍内违章乱设火源，火源太靠近可燃物；乱拉电线，电线四周有可燃物；违反规定存放易燃、易爆物品；使用大功率照明设备，用纸张、可燃布料做灯罩；躺在床上吸烟，乱扔烟头；在室内燃放烟花爆竹，玩火等。

2.电气火灾

目前，大学生拥有大量电气设备，大到电视机、电脑，小到台灯、充电器、电吹风，还有违章购置的电热炉等电热器具。由于学生宿舍所设电源插座较少，少数学生乱拉电线，或因不合规范的安装操作致使电源短路等，从而引起电气火灾。个别大学生购置的电气设备是不合格产品，也是致灾因素。

3.自然火灾

自然火灾不常见，这类火灾基本有两种：一是雷电；二是物质的自燃。雷电是常见的自然现象，它是大气层运动产生高压静电再放电，放电电压有时达到几万伏，释放巨大能量。当作用于地球表面时，具有相当大的破坏性。它产生的电弧可成为引起火灾的直接火源，摧毁建筑物或窜入其他设备可引起多种多样的火灾。预防雷电火灾就必须合理设置避雷设施。自燃是物质自行燃烧的现象。例如，黄磷、锌粉、铝粉等燃点低的物质在自然环境下就可燃烧；钾、钠等金属遇水即剧烈燃烧；不干燥的柴草、煤泥、沾油的化纤、棉纱等大量堆积，经生物作用或氧化作用积聚大量热量，使物质达到自燃点也会自行燃烧，引发火灾。所以，一定要以科学的态度和手段加强对易燃物品的日常管理。

4.人为纵火

纵火都带有目的性，一般多发生在夜间，有较大的破坏性。有的犯罪分子纵火，目的是毁灭证据、逃避罪责或破坏经济建设等；有的是因为私仇纵火，目的是烧毁他人财产或伤害他人生命等。各类纵火都是国家严厉打击的犯罪行为。另外，还有精神病人纵火，是因为病人无法控制自己的行为，所以精神病人的监护人一定要履行好自己的监护职责。

（三）火灾的危害

无情的大火曾夺去了无数人的生命，吞噬了无数的社会财富。随着社会的发展，社会财富日益增多，加上各种新设备、新材料、新工艺的大量研发和应用，用火、用电、用气范围日益扩大，潜在的引发火灾的因素越来越多，火灾的危害性也越来越大。火灾已成为各种灾害中发生频繁且破坏性较大的灾害之一，其危害主要表现在以下方面。

1.危及人的生命

生命是美好的，但对于每个人来说，生命只有一次。据统计，2021年，全国消防救援队伍共接报、处置各类警情195.6万起，出动消防救援人员2 040.8万人次、消防车363.6万辆次，累计从灾害现场营救被困人员19.5万人，疏散遇险人员46.7万人；共接报火灾74.8万起，死亡1 987人，受伤2 225人。当代大学生一定要珍惜自己的生命，重视消防安全，积极配合消防工作。

2.造成财产损失

来自公安部的数据显示，2021年我国因火灾造成的直接经济损失达67.5亿元。中华人民共和国成立以来，很多全日制高校发生过火灾，有的学校整座教学楼、实验楼、食堂被烧毁；在学生宿舍里发生的小型火灾，每年有数千起之多，造成学生大量财物被毁。有关统计资料表明，大学里的火灾比盗窃造成的经济损失要高出十几倍。

3.影响正常秩序

火灾不仅给高校师生的人身和财产安全带来威胁，还在一定程度上影响正常的教学秩序和生活秩序。

二、校园火灾的主要原因及火灾的预防、扑救

（一）高校发生火灾事故的主要原因

高校发生火灾，客观上是因为学生人数多，居住密度大，教学及实验存在一定的危险性，有些建筑耐火等级低，线路老化等；主观上则是因为部分师生的消防安全意识淡薄，违反学校管理规定，缺乏基本的消防安全常识等。纵观校园火灾事故，其发生原因主要有以下方面。

1.消防安全意识淡薄

少数学生认为火灾离自己很远，可能不会在自己身边发生，心存侥幸，在学校举行消防安全知识教育和培训时，认为是多此一举，没有必要；面对火灾案例和相关图片时，只是觉得很凄惨，却没有从思想深处引起重视，因而在日常行为中表现得满不在乎。有的学生认为只要学习好了就行，其他的无所谓；有的教师认为消防工作是领导和学校有关部门的事情，与自己关系不大。

2.违反学校管理制度

（1）违规使用电器

为图方便或省事，有些同学经常违规使用电磁炉、热得快、暖手宝等大功率电器，引起火灾。

（2）私自乱接电线

随着手机、电脑等电子设备的普及，有的同学便私拉、乱接电线，增加了线路负荷，加上使用的大多是低负荷的软电线，电线长期超负荷运行后会出现绝缘层老化等现象，极易引发火灾。

（3）胡乱丢弃烟头

烟头表面温度为200℃～300℃，中心温度可达700℃～800℃，超过了棉、麻、毛织物、纸张、家具等可燃物的燃点。许多同学对其"威力"认识不足，乱扔烟头。一旦烟头与可燃物接触就容易引起燃烧，甚至酿成火灾。

（4）肆意焚烧杂物

使用明火，最易发生火灾，因为明火实际上是正在发生的燃烧现象，一旦其失去控制马上便会转化为火灾。道理虽然简单，但有的同学却常常不以为然，随意在宿舍内焚烧废弃物，最终不仅自食苦果，还殃及他人。

（5）擅自使用炉具

高校宿舍是学生学习和休息的地方，但有的同学为图方便，在宿舍煮面条、做火锅。凡此种种，无一不是校园安全隐患，对学生的生命和财产安全构成威胁。

（6）随意点燃蚊香

蚊香具有很强的阴燃能力，点燃后没有火焰，但能长时间持续燃烧，中心温度可高达700℃，超过了多数可燃物的燃点，一旦接触到可燃物就会引起燃烧，甚至扩大成火灾。

（7）违规使用蜡烛

蜡烛作为一种可移动的火源，稍不小心，就可能烧熔或者倒下，遇可燃物容易引起火灾。

3.消防基本知识贫乏

（1）不了解电学基本知识

许多大学生不了解基本的电学知识，往往由于无知而造成火灾，如用铜丝代替保险丝，照明灯离蚊帐太近，充电器长时间插在插座上等，都可能埋下火灾隐患。

（2）不懂得灭火基本常识

前面讲述了预防火灾的三个关键阶段，其中火灾初起阶段是最易扑救的，但由于部分同学平时不注重对基本消防知识的学习，在发现火险、火情后，不知如何处理，错过了最好的灭火时机，以致火势蔓延成灾。

（二）火灾的预防、扑救及注意事项

火灾是残酷的，但它又是可以预防的，只要我们在思想上高度重视，在行动上落到实处，就可以有效地预防火灾。在做好防火工作的同时，加强对火灾扑救知识的学习，就能在发生火灾时有效地予以扑灭，最大限度地减少火灾造成的人员伤亡和财产损失。

1.火灾预防的主要措施

（1）增强消防安全意识

只有增强消防安全意识，才会时刻留意身边的火患，控制一切火源；才会把预防火灾放在首位，时刻保持警惕；才会主动学习消防知识，掌握防范措施，减少火灾事故的发生。

（2）遵守学校防火制度

为了保障学生的安全，学校制定了有关防火安全管理规定，如不得私拉、乱接电线，未经批准不得随意增加用电设备，禁止使用电磁炉、热得快；禁止在教学楼、实验楼、宿舍楼、图书馆等公共场所吸烟；禁止在宿舍使用蜡烛等。绝大多数同学能遵守规定，但也有极少数同学缺乏安全意识，常常违规行事，导致火灾发生。

(3) 加强消防法规学习

火灾防范管理要依法进行,这是由火灾的破坏性决定的。为有效控制火灾,我国以法律的形式制定了强制性规范。例如,《中华人民共和国消防法》第五条规定:任何单位和个人都有维护消防安全、保护消防设施、预防火灾、报告火警的义务。同时《中华人民共和国刑法》第一百一十四条及一百一十五条,对放火及过失引起火灾的法律责任也进行了明确规定,其中故意纵火的最高刑罚是死刑。

2. 火灾扑救的主要方法

(1) 迅速拨打报警电话

救火必须分秒必争,发生了火灾,在扑救的同时,要立即拨打119火警电话。在拨打火警电话时要沉着冷静,讲清发生火灾的单位、地点,并尽可能讲清楚着火对象、类型和范围以便消防队"对症下药"。同时,派人在校门口和必经的交叉路口等候,为消防车迅速到达火场赢得时间,减少火灾损失。与此同时,应迅速报告学校有关部门,以便及时组织人员扑救。

(2) 及时扑救初起火灾

及时、正确地运用各种方法扑灭初起火灾,是减少火灾损失、杜绝人员伤亡的重要一环。

隔绝空气灭火法:是使燃烧物隔绝空气,因缺氧而停止燃烧。例如,点燃的蜡烛烧着了课桌上的纸张、书本时,不能挥舞拍打,用一条湿润的毛巾覆盖在上面,火就能熄灭;食堂炒菜时,油锅内的油起火,盖上锅盖,就可使火熄灭;电器、煤气着火,可用毛毯、棉被覆盖灭火。使用二氧化碳灭火运用的也是这个原理。二氧化碳比空气重,本身不燃烧也不支持燃烧,可覆盖在可燃物上隔绝空气,使火熄灭。对于赤磷、硫黄、电石、镁粉等易燃物的燃烧,常用干粉、干沙、干土灭火。

冷却降温灭火法：将水、干冰等直接喷洒在燃烧物上，可吸收热量降温，且形成水汽、二氧化碳以隔绝空气。一般说来水是很好的灭火剂，但某些物品失火却不能用水灭火，只能使用专门的灭火器材和设备。例如，钠、钾、钙、碳化钙等遇水会发生反应，产生氢气和热量，引起剧烈燃烧或爆炸。轻于水的油类等物质着火，用水灭火会扩大燃烧范围。高压电气设备未断电时，若用水灭火，可能引起触电事故。其他如纸制品仓库、精密仪器、高温生产装置失火，都不宜用水灭火。储备有浓硫酸、浓硝酸等物品的仓库失火，也不宜用水灭火。

可燃物隔离灭火法：是把燃烧火源与周围可燃物分离开来。例如，森林失火后，常常开辟隔离带，使火势不再蔓延而得以控制；把失火处附近的液化气罐和其他可燃物移开；把不大（不重）的着火物移至空旷处等，都是有效的灭火办法。

3.火灾扑救过程中的注意事项

一边报警，一边接应，一边组织人员扑救。

沉着冷静，听从指挥，积极配合遵守秩序。

控制火势，救人在先，尽量减少火灾损失。

相邻居室，切勿开门，防止浓烟烈火侵入。

呼吸慢浅，匍匐前行，呼吸近地新鲜空气。

谨慎上楼，屏住呼吸，避免浓烟上升窒息。

湿润毛巾，掩住口鼻，低头弯腰抓地慢行。

关紧房门，探头呼叫，等待紧急求援脱险。

三、火灾疏散与逃生、自救方法

火灾是恐怖的，但伤亡并非不能避免。面对滚滚浓烟和熊熊烈焰，只要我们冷静机智地运用自救与逃生知识，就有可能拯救自己。因而，大学生平时多掌握一些疏散与逃生的知识就显得尤为重要。

（一）火灾疏散与逃生的基本原则

1. 抓紧时机，迅速撤离

一旦发生火灾，同学们要抓住有利时机，就近、就便利用一切可利用的工具、物品，想方设法迅速撤离危险区，不要因抢救个人物品或钱财而贻误最佳时机。

2. 顾全大局，救助结合

一是自救与互救结合。当被困人员较多，特别是有生病或残疾同学在场时，要积极、主动地帮助他们先逃离危险区，有序疏散。二是自救与抢救相结合。火场是千变万化的，如不扑灭火灾，不及时消除险情，就会造成毁灭性灾害，带来更多的人员伤亡或财产损失，在有能力、条件许可时，可采取扑救措施，清除险情。三是当逃生的途径被大火封死后，要注意保护自己，等待救援人员开辟通道，逃离危险区。

（二）火灾疏散与逃生的主要方法

1. 安全出口要记牢

为了自身安全，同学们务必留心学校教学楼、实验楼及住宅区等场所的疏散通道、安全出口和楼梯方位等，以便关键时刻能尽快撤离现场。

2.消防通道要畅通

火灾发生时,楼梯、过道等是最重要的逃生之路,应保证其畅通无阻,切不可堆放杂物、停放自行车或牵绳挂衣物,以便紧急时能安全迅速地通过。

3.临危镇定辨方向

突遇火灾,面对浓烟和烈火,要保持镇静,迅速判断危险地点和安全地点,决定逃生的办法,尽快撤离险地。

4.简易救护不可少

在火灾中真正被烧死的人极少,大多数人是被烟熏窒息死亡的,为了防止火场浓烟呛人、中毒、窒息等,可采用湿毛巾蒙口鼻,匍匐撤离的办法;穿过烟火封锁区时,可向头部、身上浇水再冲出去。

5.逃生切莫乘电梯

按规范标准设计建造的建筑物,会有两条以上逃生楼梯、通道。发生火灾时,要根据情况选择相对安全的楼梯通道逃生。在高层建筑中,电梯的供电系统在火灾中随时会被切断,有时电梯受热变形,会把人困在里面。因此,千万不要乘普通电梯逃生。

6.火已烧身莫奔跑

如遇火灾,发现身上着火,千万不可奔跑或用手拍打,因为奔跑或拍打时会形成风势,加速氧气的补充,加大火势。当身上衣服着火时,应赶快设法脱掉衣服或就地打滚,压灭火苗,或跳入水中;也可让人往身上浇水。

7.发出信号求援助

当被烟火围困无法逃避时,应尽量待在阳台、窗口等易被人发现或能避免烟火近身的地方,及时发出有效的求救信号,引起救援者的注意,便于消防人员寻找、营救。

8.迫不得已跳楼逃

身处火灾烟气中的人,精神上往往陷入极端的恐惧状态,接近崩溃。在惊慌的心理状态下，人极易做出一些不顾后果的伤害性行为，如跳楼逃生等。应该注意的是：只有在消防员准备好救生气垫并指挥跳楼时或楼层不高、不跳楼即烧死的情况下，才可采取跳楼的方法。跳楼也要讲技巧，应尽量往救生气垫中部跳或往水池、草地等地方跳；如有可能，要尽量抱一些棉被、沙发垫等松软物品或打开大雨伞跳下，以减缓冲击力。如果徒手跳楼一定要扒窗台或阳台，使身体自然下垂跳下，以尽量减少垂直距离；落地前要双手抱紧头部，身体弯曲或蜷成一团，以减少伤害。跳楼有时虽可求生，但会对身体造成一定的伤害，所以要慎之又慎。

（三）火灾中被困人员的自救方法

1. 平时要多加留意

平时要多加留意自己居室的结构、逃生通道，做到心中有数。

2. 火灾初起撤离

此时温度不高，但烟雾较大。在无力扑救的情况下，应赶快离开起火房间，关闭门窗，阻止火势和烟雾向相邻的房间蔓延。撤离的顺序应是儿童、老人、妇女，最后才是男子。千万不要浪费时间去取贵重物品，应坚决果断，毫不迟疑地离开起火房间。撤离至安全区域后，如发现还有人没有撤出来，不能冒失返回，应等消防人员营救。

3. 被困于火灾中的自救

当火势发展到猛烈阶段时，有计划的撤离难以付诸实际，只能随机应变，冷静地进行自救。消防部门的统计资料表明，在火灾中丧生的人，因烟雾中毒、窒息而死的比例高于被烧死的比例；有的是因烟雾中毒、窒息而失去知觉，之后才被烧死。因此，防烟雾中毒、防窒息是一切自救的第一步。

（1）防烟方法

用湿毛巾捂住鼻口呼吸，一时找不到湿毛巾的，可用衣服或其他棉制品浸湿代替。没水时，尿液也可应急。

（2）防热方法

淋湿身上的衣服；将棉被浸湿裹在身上；将浴缸、浴池注满水，打开水龙头，将身体浸在水中，只留下鼻孔于水面并用湿手巾盖住鼻孔呼吸。若身上着火，在没水时，就地打滚，直到身上的火熄灭为止。

（3）逃生方法

逃生方法要根据建筑结构和火灾情况而定。

第一，利用绳索或撕开床单结成绳索，利用阳台、窗口滑降逃生。

第二，利用雨水管滑降逃生。

第三，用湿棉被裹住身体冲出火海，向楼下逃生。尽量不要往上层逃。

第四，在无法突围的情况下，不要在床下或壁柜里躲藏。设法在浴室、卫生间之类既无可燃物又有水源的空间躲避。进入后立即关闭门窗，打开水龙头，撕下身上的衣服浸湿塞住门窗的缝隙阻止烟雾侵入。

第五，若被火势逼到阳台、楼顶，既无出路又无退路，但生命暂时不受严重威胁，此时要镇定下来，坚守此地，等候消防人员救援，不要轻举妄动。人多时要相互安慰，以稳定情绪。

第六，在"非跳即死"的情况下跳楼时，要抱一些棉被、沙发垫等松软的物品。选择往楼下的石棉瓦车棚、花圃草地或枝叶茂盛的树上跳，以减缓冲击力。徒手跳时要双手抱紧头部，身体弯曲，缩成一团。

第七，滚到墙边，防止房屋塌落砸伤自己。

四、学校火灾应急处理预案

根据《中华人民共和国消防法》和《机关、团体、企业、事业单位消防安全管理规定》,为切实做好火灾的预防工作,尽量减少和避免火灾的发生,做到防患于未然,学校应制定防火应急处理预案。

(一)成立火灾应急处理领导小组

一般由分管保卫工作的校领导担任领导小组组长,领导小组成员主要由保卫处、总务处、学生工作处的负责人组成。

(二)成立义务消防队

成立义务消防队,在校园内 24 小时值班、巡逻,检查火情,设立火警值班电话。

发现火情后立即报告保卫处值班室,火势较大时拨打 119 火警电话,通知专业消防人员到场扑救。报警时要讲明单位具体位置、着火部位、起火原因,并派人到学校大门口迎接消防车进入现场。

立即切断火灾现场或该楼栋的电源,利用配备的灭火器材和设备进行灭火,并控制火势蔓延。

保护火灾现场,以便查处事故。

实施财产救护与伤员救助。

全体人员无条件服从现场指挥。

(三)灭火指挥及救护

火灾发生时,学校值班领导应率先赶到现场,职务最高者为临时指挥员。

没有领导在场时，本岗位的负责人或工作人员就是火灾现场的临时指挥员，负责指挥灭火工作，在场的所有人员要服从指挥。当消防和保卫人员到达后，指挥权自动移交。

询问是否报警，根据火势状况决定是否报警。

组织扑救工作。

组织保护现场工作。

决定调度扑救力量。

（四）责任分工

学校内一旦发生较大火灾，大火就是命令，各部门要立即行动起来，服从学校的统一指挥及调度，如有怠慢者事后依情节给予严肃处理。

第一，保卫处负责现场保护和火灾的扑救及现场证据的收集工作。

第二，医院负责救助伤员，医护人员要掌握简易的救护知识，存放适量的救急药品，配备1~2副担架。

第三，总务处负责救护物资的保障和运输，发现火灾后通知配电部门切断相关部位电源；泵房人员在泵房待命，根据命令开启消防泵；根据命令立即调度车辆，转运人员和物资；根据需要提供饮食供应。

第四，学生工作处负责疏散火灾现场的师生，在条件许可的情况下，组织师生抢救贵重仪器和物品，减少火灾带来的损失，安抚好受损失和受伤学生的情绪，处理与学生相关的善后工作。

第三节 住宿安全

一、宿舍文明

（一）优化宿舍环境

宿舍是学生生活和业余学习的主要场所，加强宿舍文明建设对学生的成长有着重要的影响。良好的休息与学习环境，对于营造良好的宿舍风气，促进优良学风和班风的形成意义重大。

建设宿舍文明就是优化大学生成长的"小环境"，以促使学生团结友好、互相鼓励、努力拼搏、奋发向上。

例如，某师范学院同宿舍的 6 名男生考研，分数全部过线，有 4 人被正式录取。据说，这 6 位同学当年的高考成绩并不是很优秀，但他们大三确定考研目标后，都很自觉地遵守一套不成文的作息时间：早上 6 时 30 分起床，一起听英语听力材料、记单词，上课时间全体去上课，中午统一休息 40 分钟，晚上全体去上自习，晚上 11 时 30 分准时熄灯。总结考研成功的经验，舍长说："我们宿舍的同学有一个约定，不虚度光阴，不拖欠学习任务，不吸烟，不酗酒，不贪玩，不睡懒觉。这样，学习氛围越来越浓厚，谁如果不好好学习，自己就会产生一种被排斥的感觉。"

（二）制订宿舍公约

建设宿舍文明需要学校后勤部门、学生工作部门以及相关教师共同努力，但关键还在于学生本身。共同制订并自觉遵守宿舍公约，是建设宿舍文明的有效途径。宿舍公约没有固定的模式，不同大学、不同宿舍的同学可以根据自己的具体情况，制订出符合自己情况的宿舍公约。高校学生工作者认为，宿舍公约应包括以下方面。

不吸烟，不酗酒。

室内空气清新，无蚊蝇。

按时作息，起床叠被，床单保持平整，床上不堆放书籍、杂物。

宿舍地面、阳台、公共区域、卫生间和宿舍外走廊干净整洁，无果皮纸屑，无污迹，无积水；暖气片下无杂物；衣物、帽子不乱挂，脸盆、鞋袜摆放整齐，纸篓及时清理。

桌上不堆放书籍、杂物，茶杯摆放整齐美观。

墙面、床面以及宿舍的洗漱台、热水器、马桶，卫生间的瓷砖，干净整洁、无污渍；墙角无尘土，无蜘蛛网。

墙面无污渍，不贴有色墙纸。

门窗、天花板、灯管、镜子整洁明亮，无尘土。

箱架上的物品摆放整齐。

室内不乱张贴字画，不存放不文明书刊和字画，不乱拉电线。

值日生负责打扫当天卫生，宿舍长可每周组织一次大扫除。

（三）保护宿舍隐私

同宿舍的同学应彼此尊重对方的隐私，不要打听、探询别人的隐私，不能因为大家很熟悉、关系密切而"百无禁忌"。

1.隐私的范围和尺度把握

《现代汉语词典（第7版）》对"隐私"一词的解释是"不愿告诉人的或不愿公开的个人的事。"一般认为，隐私是一个自然人拥有的与社会公共生活无关的个人生活信息和个人生活资料，如身高、体重、年龄、三围、收入、饮食习惯、性关系史等。

2.侵犯隐私权的行为

非法对他人的行踪、住宅、居所等进行监听、监视；偷窥、私自拆开他人信件；私闯民宅；公开披露或宣扬他人隐私，包括擅自披露或宣扬他人的疾病史、生理缺陷、婚恋生活等私密；等等，都是侵犯他人隐私权的表现。

3.宿舍隐私安全注意事项

第一，日记、家信、情书、手机短信等是个人隐私的重要载体，不要随便放在容易被人发现的地方，最好收在加锁的箱子里。偶然发现了别人的这些东西，千万不要纵容自己的好奇心，要自觉做到"非礼勿视"。

第二，如果说宿舍是几个人共有的"集体空间"，那么每个人的床铺绝对属于"私人空间"，特别是当别人放下蚊帐的时候，不要把头伸进去窥视。

第三，洗澡、换衣服、穿着内衣时要注意关好门，拉上窗帘。不要把自己的身体暴露在别人的视野之内。防止别有用心的人使用望远镜或手机侵犯你的隐私。

第四，手机、平板电脑上的摄像头不用的时候要注意关闭，以免别人入侵电子设备，侵犯你的隐私。

（四）消除宿舍隐患

宿舍不安全、不卫生、不文明等现象，给同学们的安全和健康留下了很多隐患。例如，私接电线，用热得快、电磁炉等烧水做饭，将蜡烛放在床架上看书。有的同学不注意个人和公共卫生，宿舍内存放大量废水瓶、废纸箱等废旧物品，不注意宿舍空气的流通等，都给住宿安全埋下了隐患。

为了有效地防止疾病的传播，大学生要养成良好的生活习惯。例如，有些微生物和污染物中的细菌、病毒是人类呼吸道传染病的病原体，有些真菌（包括真菌孢子）、花粉和生物体有机成分则能引起人的过敏反应及各种疾病，常见的有各种呼吸道传染病、哮喘、建筑物综合征（病态建筑物综合征）等。所以，平时要经常打开窗子，防止室内有异味，保持室内空气流通。新鲜的空气对身体也是很有好处的。注意个人卫生，做到勤洗澡、勤换衣、勤剪指甲、勤理发、勤晒被褥、勤打扫卫生、勤消毒，不要在宿舍饲养宠物。可以在宿舍摆放几盆花草等，这样不但能美化室内环境，给居室增添盎然生机，而且能让环境雅洁清新。

二、宿舍常见安全隐患

为了保证学生的人身财产安全，住宿学生应严格遵守宿舍用电管理规定，树立安全用电意识，自觉做到安全用电，防止用电不当引起触电或火灾等意外事故。

1.安全用电注意事项

严禁在宿舍内、走廊、卫生间等宿舍区域内私拉、乱接电线。

禁止在宿舍内存放和使用大功率电器和假冒伪劣电器，如热得快、电茶壶、电炒锅、电饭煲等。

移动式插座必须放在安全的地方，并做到布线合理，不靠近蚊帐、被褥、衣服、书本等易燃物品。

人离开宿舍时，要做到关灯、关风扇、关电器电源，以确保用电安全。

发现室内电器、线路损坏或老化等情况，必须及时报修，禁止在未修复前使用，严禁私自更换、维修。

切勿用湿手接触电源开关；切勿用潮湿的工具或金属物品拨开电源开关。

2.触电事故应急处置

触电是宿舍用电安全中常出现的问题。电流对人体的损伤主要是电热所致的灼伤和强烈的肌肉痉挛，影响呼吸中枢及心脏，引起呼吸骤停或心脏骤停，严重电击伤可致残，甚至直接危及生命。如果发现有人触电，可采取以下措施急救。

使触电者迅速脱离电源,立即拉下电源开关或拔掉电源插头。若无法及时找到或断开电源时,可用干燥的竹竿、木棒等绝缘物挑开电线。切勿用手触碰触电者。

将脱离电源的触电者迅速移至通风干燥处仰卧,将其上衣和裤带放松,观察触电者有无呼吸,摸一摸颈动脉有无搏动。

若触电者呼吸及心跳均停止时,应在做心肺复苏的同时,及时打120急救电话,呼叫救护车。尽快送往医院,途中应继续施救。

3.电气火灾应急处置

立即切断电源。

用灭火器把火扑灭,电视机、电脑着火应用毛毯、棉被等物品扑灭火焰。

无法切断电源时,应用不导电的灭火剂灭火,不要用水及泡沫灭火剂。

迅速拨110或119报警电话。

三、租房安全

(一)租房安全隐患

随着高等院校招生规模的不断扩大和后勤社会化改革的不断深入,大学生住宿方面的要求和管理模式也日趋多样化。由于各种各样的原因,大学生搬出学生宿舍另外租房的越来越多,随之而来的便是大学生校外租房而引发的各种问题。教育部、地方教育行政部门和高校基本上对大学生校外租房持反对态度。与在校外租房相比,学生宿舍更安全且住宿费用更低。那么为什么还会有学生选择校外租房呢?

一位大学心理学教师认为,虽然大多数"租房生"均称自己租房是为了能有个安静的独立学习环境，不过，总体而言，大多数人是为了获得更自由的生活空间。大学生校外租房，除了容易引发人身安全事故外，还容易存在被偷盗、被欺骗、被讹诈等安全隐患。

（二）正确认识校外租房

一般情况下，学校会为每个学生提供宿舍，并对宿舍实行公寓化管理。大学教育绝对不仅仅是课堂学习，校园文化的熏陶也十分重要。学生宿舍是校园文化的重要组成部分。大学生，尤其是低年级的大学生应该积极地融入大学的集体生活。如果上完课就躲到出租房里，不与老师、同学交流，就等于放弃了许多体验大学生活的机会。

集体宿舍的环境确实存在一些不太如意之处，正确对待这样的环境可以培养大学生积极的人生态度。

第一，努力改善环境，组织同宿舍的同学制订并遵守宿舍公约，把宿舍变成一个有利于生活和学习的文明宿舍。

第二，如果你不能改变环境，起码要学会适应环境。将来我们每个人都要走上社会，都会身处不同的社会环境。要想在社会上生存，就要学会适应各种各样的环境。

第三，最不可取的是逃避，还没有走上社会就抱着逃避的人生态度，就等于输在人生的"起跑线"上。

（三）租房安全注意事项

少数学生可能出于特殊原因，确实需要校外租房，租房时应注意下面几个问题：租房前要征得学校和家长的同意；向学校提供租住的详细地址和联系方式；租住地应有安全保障，并具有往返学校的便利交通；租房居住不能影响自己参加班级、院系和学校组织的各项集体活动。

租房期间，除学生宿舍要注意的用电安全、防火防盗等方面外，还应注意以下几点。

第一，在管理规范、安全保卫措施到位、门禁严格的小区租房。千万不能贪图房租便宜，在偏僻的小街陋巷租房。那些地方往往人口复杂，社会治安混乱，容易出现安全问题。

第二，租房时与房东签订正式的租房合同，写明双方的权利和义务，以免将来出现纠纷。要验看房东的身份证和房产证，做到知己知彼。

第三，要求房东在你入住以后更换房门的钥匙。出租房的房客是不固定的，有可能以前的房客私自配了钥匙，在退房的时候并没有交还房东。那么他就可以毫不费力地随时打开你的房门。

第四，陌生人叫门，不要轻易开门。可以通过对讲门铃问清对方身份，还可以通过猫眼和可视门铃观察对方的意图。特别是对于那些号称抄电表、水表及送快递的人，一定不能放松警惕。

第五，出门时带好钥匙，关好窗，锁好门。大学学生宿舍有管理员专门值班，有其他同学共同居住。但租房时没有人帮助保管钥匙，无人巡逻，所以更要及时关窗锁门，保护自己。

第六，大学宿舍一般没有燃气灶，但是出租房里通常会有燃气灶。出门时要注意关好燃气阀门，特别是冬天门窗紧闭时，要防止燃气泄漏。

第四节　网络安全

一、虚拟文明

网络作为一种新的社会文明载体在高校蓬勃发展，使得高校成为中国社会"网络化"的前沿。但网络只是一种媒介和工具，它对人与社会的作用取决于人们如何使用它。所以，大学生要正确地认识并利用网络，趋利避害，让自己赢在信息网络时代。

（一）树立正确的网络观

网络观就是人们对网络的看法。大学生要正确、合理地利用网络，方便自己的学习和生活，而不能利用网络来危害他人、危害社会。

遵守互联网有关规定；掌握常用硬软件的使用方法；知晓计算机和网络以外的其他信息技术知识，能够主动地向其他网民传播文明上网的理念等。

提高自身的辨别力和免疫力。网络也存在着各种不健康因素，要学会利用网络，精选内容，主动筑起一道思想"防火墙"，增强对网络文化的辨别能力，增强自身的抗诱惑能力。

树立正确的网络信息意识，加强网络安全意识和个人防范意识，正确利用网络信息资源。

合理安排上网时间。正确对待网络游戏等娱乐资源，切勿沉迷其中而玩物丧志，影响学业。

（二）构建和谐文明的网络

构建和谐文明的网络，不仅需要开发网络产品的人积极努力，更需要使用网络信息产品的人共同参与。

1.养成良好的网络素养

网络是大家共有的"家园"，这里虽然是虚拟世界，但人类普遍的道德准则、荣辱观念在这里同样适用。良好的网络素养体现在以下方面。

第一，认真学习并自觉遵守有关部门发布的《全国青少年网络文明公约》，养成文明上网的好习惯。

第二，不在网上发表不负责任的言论。

第三，不在网上制造信息垃圾。

第四，对反动、色情、迷信的信息，自觉地不看、不听、不信，争做网络文明的先锋。

第五，要充分利用好网络，积极发挥个人创造性，主动为宣传网络文明，传播网络文明，建设网络文明作贡献。

第六，有条件的大学生，可以制作个人主页，并将之建成宣传、建设网络文明的阵地，主动承担起服务社会的责任，参与创造网络文明。

2.网络文明从我做起

虽然多数大学生能较好地利用网络，能自觉抵制网络中的不健康内容，对某些问题也有自己的正确判断，但是大学生在利用网络时也存在着许多明显的不足。许多调查表明，在校大学生的整体网络素质严重不均衡，在接触、使用网络等方面的发展极度不充分。大学生使用网络大多局限于"短视频、聊天与游戏"三项功能，因浏览色情网站而催生性犯罪，因"网恋奔现"而被网友诈骗或强奸，因沉迷游戏而致脑出血或出现心理问题等事件，在大学校园中已屡见不鲜。

大学生应该自觉成为网络文明的建设者，从我做起，从身边做起，自觉成为文明网民，避免有损大学生身心发展的网络不文明行为。如发现身边的人有这类行为，要积极劝导，严重的应立即向学校有关部门反映。

二、校园常见网络安全隐患

（一）沉迷网络

聊天、交网友、泡网吧、打游戏，导致许多大学生因为痴迷网络而荒废学业。鉴于网络痴迷的危害性，美国心理学者、网络成瘾研究领域的先驱金伯利·扬（Kimberly S.Young）认为，沉迷网络与沉溺赌博、酗酒、吸毒等无异，对个体的学习、家庭生活、工作等都将造成不可估量的损失。

大学生沉迷于网络，轻者会影响自己的身心健康，导致学习能力和生活能力下降，重者会引发严重的精神问题和心理问题，导致学生无法正常完成学业，甚至误入歧途，走上违法犯罪的道路。

1.沉迷网络的危害

大学生由于获得了更大的自由空间，但又尚未在陌生环境迅速建立起新的生活坐标，在无所适从的情况下常容易过分追求和依赖虚拟网络带来的满足感，一旦沉迷网络，就会给自己带来巨大的危害。

一是心理依赖。在使用网络时不能有效控制时间，经常无节制地花费大量时间和精力上网，从中获得满足感和愉悦感。

二是沉湎于虚拟的网络世界，几乎用网络世界代替了自己的现实社会生活。

三是"嗜网如命"，无法自拔。导致自闭等心理问题，甚至导致食欲不振、头昏眼花、情绪低落，精力难以集中，严重的可导致神经紊乱，免疫能力下降，从而引发心血管疾病、抑郁症等。

2.预防沉迷网络的措施

(1) 克服沉迷网络的心理

现代医学证明,一个人如果不能控制自己沉迷于网络,很容易患上"网络成瘾综合征",也就是由于患者对互联网过度依赖而导致明显的心理异常症状以及伴随的生理性受损的现象。"网络成瘾综合征"已成为国际临床心理学界公认的一种新的心理障碍。它对青少年学生的危害甚大。大学生应当自觉树立积极健康的心态,努力克服病态的网络痴迷心理。

(2) 学会正确使用网络

网络本身没有对错之分,关键在于我们如何利用它。学会正确使用网络,才能真正使其为己服务。

第一,网络信息良莠不齐。迅速膨胀的信息可能成为新的干扰信息,大学生应有目的地利用网络收集、筛选信息,抵制信息污染,避免陷入痴迷于信息收集的泥淖。

第二,分清虚拟与现实。虚拟世界不可能解决现实世界的问题,更永远无法代替现实世界,虚拟角色不可能与现实角色换位。

第三,上网要有积极、健康的目的。网络不是逃避现实问题或宣泄消极情绪的途径。现实问题不会因拖延、逃避而消失,这种行为反而会强化人对网络的依赖感。

第四,严格把握和控制上网时间。大学生不妨为自己制订一个上网时间计划,自觉控制上网时间。

(二) 网恋

大学生在友情、爱情等方面的情感需求需要得到满足,但学习压力使部分学生的情感需求被抑制,他们又不愿面对现实交往可能带来的情感压力,这使许多大学生将视线投向了相对宽松的虚拟网络空间，出现了所谓的"网恋""网婚"现象。网络的虚拟性，使得这种感情具有盲目性和随意性。对它的过分迷恋危害大学生的正常生活，一些大学生难辨善恶，更看不透其背后的陷阱。

1.网恋的本质

网络在成为一种新的交流载体的同时，不可避免地要承担起人类情感交流的任务。而在情感交流中，两性交流是重要的一部分。

简单来说，网恋是有爱情意向的年轻男女以超越时空限制的网络作为载体或者工具而对情感对象进行虚拟性或者虚拟性和现实性兼而有之的选择过程。而"网婚"是一种虚拟的婚姻，是男女双方通过网络来模拟现实生活，完成"结婚"流程，并且在一个图文环境中体验爱情生活。

心理学家指出，虚拟婚姻的随意性会使涉世不深的大学生曲解婚姻，使得他们怀疑爱情、婚姻的严肃性，造成爱情、婚姻道德感的沦丧。网络婚姻还会引发道德失范、行为越轨甚至违法犯罪等问题。

2.网恋中的陷阱

网恋是行骗者较易使用的诱饵。网上犯罪分子利用人的孤独感大肆行骗，稍不留神就容易被人劫财、劫色。

犯罪分子以网络为寻找"猎物"的媒介，以网恋为手段达到其不可告人的目的。诈骗、恐吓、敲诈勒索、非法传销、赌博，甚至杀人等传统犯罪形式已经悄悄在网络的虚拟空间蔓延。

网恋发生在虚拟空间中，双方在现实生活中接触较少，因此很难了解对方的真实情况，"奔现"的风险较大。例如，年轻的小吴与在网上结识的女孩相恋，并在见面时发生了关系，正当小吴准备与其结婚时，女方却突然失踪，只留下一封信，在信中告知小吴自己患有艾滋病，小吴立即到医院检查，发现自己已被传染。

3.网恋常用的"防身术"

在网络上仅凭外表和物质来选择爱情的做法是不可取的。

网络交友要慎重,选择爱情更要加倍小心。

交往中须自重,不要被花言巧语、名誉地位和金钱等蒙蔽双眼。

网恋只能是个起点,真正的恋爱离不开现实生活。

经过长期的交流,让彼此纯精神的情感交流经过时间的考验后再有进一步的发展。

不得不见面时,要选择合适的见面场所,不可单独前往,要注意安全,防范意外情况的发生。

感情升温前要充分了解网恋的风险,要有承担意外的勇气,并要有足够的思想准备。

三、网络犯罪

随着网络时代的来临,我国的网络违法犯罪案件逐年递增。大学生应充分利用现代化的网络工具,而非滥用自己的专业技能破坏网络秩序,以防误入歧途。当代大学生要保持高度的警惕性,始终把握自己的人生方向,决不可一失足成千古恨。

(一)网络犯罪的主要形式

网络犯罪是指在网络空间内以计算机网络为犯罪工具或者攻击对象的危害社会的行为,它具有犯罪现场和空间的虚拟性、犯罪行为的隐蔽性和犯罪手段的智能性等特点,包括针对网络的犯罪行为和网络扶持的犯罪。随着网络技术的发展,网络犯罪活动日益新颖化、隐蔽化,未来或许还会出现更多的违法犯罪形式。

1. 针对网络的犯罪行为

针对网络的犯罪行为，即人们常说的威胁网络安全的"黑客行为"。具体包括以下方面的犯罪行为。

违反国家规定，侵入国家事务、国防建设、尖端科学技术领域的计算机信息系统。

非法侵入或者破坏企事业单位、公司及个人计算机的信息系统、数据和应用程序。

违反国家规定，擅自中断计算机网络或者通信服务，造成计算机网络或者通信系统不能正常运行。

故意制作、设置、传播计算机病毒、逻辑炸弹、蠕虫、特洛伊木马等破坏性程序。

攻击计算机系统及通信网络，致使计算机系统及通信网络遭受损害。

非法向计算机网络发送垃圾数据，影响计算机网络正常运行。

非法对计算机进行扫描或安全测试。

利用网络对其他电子产品进行非法侵入或破坏。

2. 网络扶持的犯罪

网络扶持的犯罪，具体包括以下方面。

利用网络实施诈骗、贪污、挪用公款、窃取国家秘密或企业商业机密等。

制作、查阅、复制和传播危害国家安全、泄露国家秘密、颠覆国家政权、破坏国家统一等信息。

利用网络散布谣言，扰乱社会秩序，破坏社会稳定。

在互联网上建立淫秽网站、网页，提供淫秽站点链接服务，或者传播淫秽书刊、影片、音像、图片。

利用互联网损坏他人商业信誉，侵犯他人知识产权，编造并传播影响证券、期货交易或者其他扰乱金融秩序的虚假信息。

利用网络侵犯个人、法人和其他组织的人身、财产等其他合法权利的行为，包括侮辱他人或者捏造事实诽谤他人、敲诈勒索等。

（二）网络犯罪的预防

网络是虚拟的空间，但其犯罪行为同样会对个人和社会带来危害，同样难逃法律的制裁。大学生参与网络犯罪，不仅给个人和家庭带来痛苦和不幸，而且也会给国家、社会造成巨额损失。究其原因固然很多，但疏于自我防范无疑是其中的一个重要方面。大学生要自觉加强自我防范，预防网络犯罪。

认真学习和遵守宪法、刑法等有关法律法规，明确使用网络的行为规范，明辨是非，自觉抵制各种网络违法犯罪行为。

讲究社会公德和网络职业道德，要用掌握的先进科学技术知识服务社会，不要从事危害国家利益、集体利益和公民合法权益的活动，不要以任何目的危害信息网络系统安全。

尊重他人的知识产权和个人隐私权，不要进行网上侵权活动或进行电子骚扰、网络性骚扰，不在网上窥探他人秘密并散布他人隐私。

不要利用互联网查阅、复制和传播宣扬封建迷信、淫秽色情、赌博、暴力凶杀、恐怖等信息，不要教唆他人犯罪。

争做文明的互联网用户，不制作、传播谣言、虚假信息或搞恶作剧愚弄别人，扰乱社会秩序，不在虚拟网络空间肆意妄为，胡言乱语。

培养积极、健康的心理素质，在复杂的人际关系和各种矛盾面前保持冷静、忍耐、宽容、平和的心态，从容面对，正确处理，构筑起坚强的心理防线。

（三）防范网络犯罪侵害

据《人民法院报》报道，近年来，以网络为犯罪工具，以大学生为作案目标的刑事案件日益增多。因此对大学生来说，认识网络犯罪活动，提高自我防范意识就显得尤为重要。

第一，增强自我防范意识，不给犯罪者提供实施犯罪活动的机会和条件。

第二，加强对网络犯罪的认识和了解。大学生的防范意识在很大程度上取决于对网络犯罪的认识和了解。随着科技的发展，犯罪分子的犯罪手段和犯罪方式日益多样化，所以大学生要及时掌握犯罪活动的发展动向，了解有关犯罪信息，不给犯罪分子任何可乘之机。

第三，利用掌握的防范知识和技能，预防遭受侵害。遭受侵害后要及时报案，寻求公安机关的帮助，为尽快破案争取时间。

四、网络信息安全与防范

随着计算机网络的发展。各种信息系统已广泛应用到电子政务、电子商务、电子金融、科学研究、网络教育和社会保障等方面。由于网络所具有的开放性和共享性，人们通过互联网获得信息资源时，其安全问题也日益突出。认清网络的脆弱性和潜在威胁，采取强有力的安全策略，对于保障网络的安全性是十分必要的。

（一）信息安全威胁

网络信息安全是指网络信息系统的硬件、软件和系统中的数据受到保护，不因受到偶然的或者恶意的攻击而遭到破坏、更改和泄露，系统连续可靠地运行，网络服务不中断。

信息安全威胁既有自然威胁，也有人为威胁，既有无意威胁，也有存在恶意攻击行为的有意威胁。目前，信息系统存在的有意威胁主要有传播病毒、非授权访问、拒绝服务攻击、信息泄露或丢失、破坏数据完整性等。

（二）计算机病毒的预防

计算机病毒预防，旨在通过建立合理的病毒防范体系，及时发现病毒侵入，并采取有效的手段阻止病毒的传播与破坏，恢复受影响的信息系统和数据。

树立牢固的计算机病毒预防思想。切勿认为重装系统就可以解决问题而疏于防范，有时其破坏可能是永久性的。

堵塞计算机病毒的传染途径。在计算机中装入具有动态预防病毒入侵功能的软件或系统工具，经常进行病毒检测工作，可大大降低病毒的入侵率，同时也可将其造成的危害降到最低。

采取切实可行的预防管理措施。对新购置的计算机硬、软件系统进行测试，使用病毒检测软件予以检查，并经证实没有病毒感染和破坏迹象后再使用。重要数据文件要有备份。

注意计算机网络安全。不要随便接收、安装插件和不明程序，不要直接运行或直接打开不明电子邮件中的附件文件，不要随意下载软件，即使下载，也要先用最新的计算机病毒检测软件对安装包进行检查。安装、设置防火墙，对内部网络进行安全保护。学会诊断和清除计算机病毒。

使用正版软件，注意更新电脑系统，安装必要的补丁程序。

使用QQ、微信等聊天工具时，不要轻易点开陌生人发来的链接或程序。

（三）网络安全威胁的防范

1.常见的网络安全威胁

网络攻击中，最常见的是黑客攻击，它也是网络信息安全面临的主要威胁。人们通常将入侵计算机系统的人统称为黑客。他们进行网络攻击的方式日益多样。

（1）密码破解

通过字典攻击、假登录程序、密码探测程序等获取系统或用户的口令文件。

（2）欺骗

通过 IP 欺骗、路由欺骗、DNS 欺骗、ARP（地址转换协议）欺骗以及 Web 欺骗等，将网络上的某台计算机伪装成另一台不同的主机，欺骗网络中的其他计算机误将冒名顶替者当作原始的计算机而向其发送数据或允许它修改数据。

（3）电子邮件攻击

用伪造的 IP 地址和电子邮件地址向同一信箱发送数以万计的垃圾邮件，进行电子邮件轰炸，严重者可能会给电子邮件服务器操作系统带来危险，甚至使其瘫痪。

（4）端口扫描

利用一些端口扫描软件了解目标计算机开放的端口服务后，发送特洛伊木马程序到目标计算机上，利用木马程序来控制被攻击的目标。

2.防止黑客攻击的策略

（1）数据加密

数据加密的目的是保护系统内的数据、文件、口令和控制信息等，同时也可以提高网上传输数据的可靠性，这样即使黑客截获了网上传递的信息包，一般也无法得到正确的信息。

（2）身份认证

通过密码或特征信息等来确认用户身份的真实性，只对确认了的用户给予相应的访问权限。

（3）完善访问控制策略

系统应当有完善的访问控制策略，如设置入网访问权限、目录安全等级控制、网络端口和节点的安全控制、防火墙的安全控制等，通过各种安全控制机制的相互配合，最大限度地保护系统免受黑客的攻击。

（4）入侵检测

目的是提供实时的入侵检测及采取相应的防护手段，如记录证据用于跟踪、恢复和断开网络连接等。

（5）软件保护

经常运行专门的反黑客软件，可以在系统中安装具有实时检测、拦截和查找带有黑客攻击程序的工具软件。

3.数据恢复，挽回损失

数据恢复是一项很重要的计算机维护技术，可以用来修复丢失的数据。准确地说，数据恢复是指由于各种原因导致数据损失时把保留在介质上的数据重新恢复的过程。即使数据被删除或者硬盘等数据介质出现故障，但只要介质没有严重损坏，数据就有可能被完好无损地恢复。数据恢复是信息安全的最后一层保障。

造成数据丢失的原因有很多，最常见的就是硬件故障，如硬盘发生了故障，导致扇区损坏或者硬盘等其他部件的损坏等；有的可能是人为操作失误，如误删文件、误格式化磁盘等操作，有的则是由于病毒软件的破坏，黑客恶意程序的破坏，以及洪水、火灾等自然灾害等。防止硬盘数据丢失，重在预防。

（1）出现数据灾难时的处理方法

出现数据灾难并不可怕，数据是否能够恢复，很大程度上取决于数据灾难出现后的操作正确与否，因此遭遇数据灾难时，要根据情况谨慎选择处理方式。

如果是由病毒感染、误分区、误格式化等原因造成的数据丢失，千万不要再对该硬盘进行任何操作，更不能继续往上面写任何数据，而应马上找专业人员来处理。

如果是由硬件原因造成的数据丢失（如硬盘损坏），则要注意事故发生后的保护工作，不应继续对该存储器进行测试，否则会造成永久性损坏。

(2)数据恢复的一般方法

针对不同的数据丢失原因,有其特定的数据恢复方法。下面我们总结出了数据恢复的一般方法。

特定工具法。针对一些常见的数据丢失问题,或者比较普遍的问题,一般有专门的工具软件进行修复,只要获得这些工具软件,并进行正确的设置和操作,都能比较顺利地恢复数据。例如,有专门修复被CIH病毒破坏的硬盘的工具软件;有专门解决文件误删除问题的反删除软件;有专门修复被破坏硬盘的主引导记录的工具软件等。

手动操作法。虽然有些情况下,已经有一些特定的工具可以进行修复,但如果我们知道其修复原理,则可以更有针对性地进行手动操作,自由度更大。例如,我们在修复被损坏的主引导记录时,虽然有些工具软件可以做到,但为了更好地、有针对性地进行修复工作,完全可以进行手动操作。当没有专门的修复工具时,必须用手动操作法。

替换法。有些数据丢失后,存在备份或者可替换的文件,则可以用其进行替换。例如,丢失的是操作系统文件,可以通过手动操作或者工具软件从系统安装盘中提取原装文件进行替换,从而达到恢复数据的目的。

第五节　突发事件

一、自然灾害

（一）地震

1.地震的成因与类型

地震是地球内部缓慢积累的能量突然释放引起的地球表层的震动。当地球内部在运动中积累的能量对地壳产生的巨大压力超过岩层所能承受的极限时，岩层便会突然发生断裂或错位，使积累的能量急剧地释放出来，并以地震波的形式向四面八方传播，形成了地震。一次强烈地震过后往往伴随着一系列较小的余震。

根据成因不同，地震可分为构造地震、火山地震、塌陷地震、诱发地震和人工地震等。构造地震就是人们通常所说的地震，是由于地壳水平或垂直方向的剧烈运动所造成的地面震动，这种地震占世界地震总数的85%~90%；火山地震是由火山爆发引起的地面震动，这种地震占世界地震总数的7%左右；塌陷地震是因地下岩洞塌陷、大型山崩或矿井顶部塌陷而引起的地震，它占世界地震总数的3%左右。诱发地震是由人类活动，如水库蓄水、矿山采矿、油田抽油注水等引发的地震；人工地震是指由核爆炸、工程爆破、机械振动等人类活动引起的地面震动。

2.世界主要地震带

地球上主要有三大地震带，即环太平洋地震带、欧亚地震带和海岭地震带。环太平洋地震带是地球上最主要的地震带，约有80%的地震发生在这里。

我国位于世界两大地震带——环太平洋地震带与欧亚地震带之间，是地震多发国家。我国的地震主要分布在五个地区：台湾地区、西南地区、西北地区、华北地区和东南沿海地区。20世纪以来，我国共发生6级以上地震近800次，遍布除贵州、浙江两省和香港特别行政区以外所有的省、自治区和直辖市。

3.地震前兆

地震预报是世界性难题。各国地震学家主要分为两派，一派认为地震不可预报，另一派认为地震可预报。中华人民共和国成立以来，我国在地震预报领域取得了一些探索成果，并对地震前兆做了分析总结。

（1）地下水异常

地震来临前，震区地下水一般会有较为明显的异动，这是地震的重要前兆。有人编歌谣道：井水是个宝，前兆来得早；天雨水质浑，天旱井水冒；水位变化大，翻花冒气泡；有的变颜色，有的变味道。

（2）动物行为异常

动物较之人类更能感知环境的细微变化，大量动物的异常行为，也是判断地震的重要依据。

（3）地光和地声

地光和地声是地震前夕或地震时，从地下或地面发出的光亮及声音，是重要的临震预兆，也就是人们常说的"临震前，一瞬间，地声隆隆地光闪"。当出现这种情况时，说明地震马上或已经来临，要迅速行动，果断避险。

4.震前避灾措施

如果学校或居住地位于地震多发地带，一定要提高警惕，随时准备应对突发的地震灾难。

家中应准备急救箱及灭火器，须留意灭火器的有效期限，了解使用方法。平时注意教学楼和宿舍内灭火器的放置位置。

了解瓦斯、自来水及电源安全阀的位置及控制方法。

家中高悬的物品应该绑牢，橱柜门窗要锁紧。重物一般不要选择悬挂或堆放在高处，以免震落伤人。

对于经常光顾的场所（商场、电影院、体育馆等），要了解其环境和逃生路线，以备不时之需。

积极参加学校、社区等组织的地震逃生演习，提高自己应对突发事件的能力。

制作防震包，放在房间的显眼位置，注意经常更换药品、饮用水和食物等。

5.震时防护

地震发生时，掌握一些技巧，可以有效降低灾难带来的伤害。地震时保持冷静，迅速走到室外，这是应对地震的国际通用守则。但是，并不是所有的情况都能迅速走到室外，因此大学生不仅要掌握室外避震的技巧，还要掌握室内和车内避震的技巧。

（1）室外应急防护

地震发生时，正在室外的人员要注意头部的保护，应双手交叉放在头上，最好将坚硬的物件罩在头上，迅速跑到空旷的地方。注意避开高大的易倒建筑物，如烟囱、水塔、广告牌、路灯、大吊车、砖瓦堆、水泥预制板墙、油库、危险品仓库、立交桥、过街天桥等，特别是有玻璃墙的高建筑物；还要注意避开危旧房屋、狭窄的街道等危险之地；要远离易燃有毒的工厂或设施，如遇到上述物质引起火灾或有毒气污染时，应迅速向上风向撤离。地震时正在郊外的人员，应迅速离开山边、水边等危险地带，以防滑坡、地裂、涨水等突发自然灾害。

（2）室内应急防护

室内地震防护主要是防止被震坏的建筑物及震落的物品砸伤。地震一般是突然发生的，要尽量在最短的时间内取得最好的防护效果。

首先，要注意保护头部，以防异物砸伤。如果上课时发生地震，要有序撤离，一定不要到处乱跑。在比较坚固、安全的房间里，可以躲在课桌下、讲台旁，抱头、闭眼。教学楼内的学生可以到开间小、有管道支撑的房间里。如在家中或宿舍，可以选择厨房、卫生间、楼梯间等开间小而不易倒塌的房间避震，也可以躲在墙根、墙角、坚固家具旁等易于形成三角空间的地方避震。因为这些地方结合力强，尤其是管道，经过处理，具有较好的支撑力，抗震系数较大。

其次，迅速关火、关电。摇晃时，要立即断开电源，关闭煤气，熄灭明火，以免引起其他灾害，这对于降低地震灾害程度非常重要。照明最好使用手电筒，不要用火柴、打火机、蜡烛等，以免引燃泄漏的燃气。

最后，不要仓促行动。千万不要盲目跳楼或从其他较高的建筑物上跳下，以免摔伤或被玻璃划伤；不要上阳台、乘电梯、下楼梯或到处跑，以免增加救援难度；不要随人流拥挤，以免发生挤压踩踏事故，或者使楼房因不能承重而垮塌。所有室内人员在初震过后，都要尽快撤出，以避余震。

（3）车内应急防护

地震时，汽车要靠路边停车，避开十字路口停车。车上的人员，要抓牢扶手，低头，以免摔倒或碰伤；也可降低重心，躲在座位附近，以防发生意外事故。要等车停稳、地震过去之后再下车。

6.震后自救

地震时如被埋压在废墟下，周围又是一片漆黑，只有极小的空间，一定不要惊慌，要沉着冷静，树立生存的信心。

首先要保证呼吸畅通，挪开头部、胸部的杂物；闻到煤气、毒气时，用湿衣服等物捂住口、鼻。

要避开身体上方不结实的易倒塌物和其他容易掉落的物体；扩大和稳定生存空间，用砖块、木棍等支撑残垣断壁，以防余震发生后环境进一步恶化。

尽量保存体力，不要哭喊、急躁和盲目行动，这样会消耗大量精力和体力。可以用石块敲击能发出声响的物体，向外发出呼救信号，等待救援人员到来。

如果受伤，要想办法包扎，避免流血过多而休克。

如果被埋在废墟下的时间比较长,就要想办法维持自己的生命,如果身边带有防震包、水、食物、药品,一定要节约,同时尽量寻找食品和饮用水。

树立生存的信心。如果几个人同时被压埋,要互相鼓励,团结配合,互相关心,增加求生的信心和希望。如果是一个人被压埋时,更要有坚强的毅力和足够的信心,相信救援人员一定会到来,不要放弃对生命的坚持。汶川大地震和玉树地震中无数生命的奇迹证明,生存的毅力对于维持生命、渡过生死难关有至关重要的作用。

(二)洪水和泥石流

1.洪水

(1)洪水的形成

洪水灾害是世界上最严重的自然灾害之一。自古以来,洪水给人类带来很多灾难,如黄河和恒河下游洪水常泛滥,造成重大损失。洪水是自然界的头号杀手,是地球上可怕的灾难之一。但有的河流洪水也给人类带来一定好处,如尼罗河洪水定期泛滥,为下游三角洲平原农田淤积了肥沃的泥沙,有利于农业生产。

(2)洪水的多发地域

洪水往往分布在降雨充沛、江河湖泊集中、农业垦殖度高、人口稠密的地方,如北半球暖温带、亚热带。我国的洪水灾害主要发生在每年的4~9月份。全国约有35%的耕地、40%的人口和70%的工农业生产经常受到洪水的威胁,并且因洪水灾害所造成的财产损失居各种灾害之首。

(3)洪水灾害的防护与自救

①有充分准备。如果居住地、学校处于洪水多发地,要时刻有危机意识;在日常生活中有所准备,如可长期保存食物、饮用水、救生衣等。要养成关注天气的习惯,要熟悉周围地理环境、安全通道,做到心中有数。

②有避险常识。如果时间充足,应迅速向就近的山坡等海拔较高处转移,注意不要攀爬泥坯房、墙及带电的电线杆、铁塔。如果时间来不及,可到坚固的楼房顶上、大树上等待救援。如果水位不断上升且水势比较平缓,可自制木筏或利用其他能够漂浮在水上的东西逃生。不要轻易涉水过河,更不要下水游泳。如发现电线杆、高压铁塔倾斜,电线断落,要迅速避开。

③落水后要正确逃生。如果不幸落水,要像踩踏自行车那样不断地踏水,双手不断划水,使头部浮出水面。如身边有漂浮物,要抓住漂浮物顺水漂流,找机会登岸。当救援者到达自己身边时,不要死死抱住救援人员不放,应配合救援人员,仰卧水面,降低救援人员的救援难度。

2.泥石流

(1)泥石流的形成

泥石流是山区沟谷中,由暴雨、冰雪融水等激发的,含有大量的泥沙、石块的特殊洪流,是一种广泛分布于世界各国一些特殊地形、地貌地区的自然灾害。

(2)泥石流灾害多发地域及其危害

泥石流是一种多发的自然灾害,往往发生在山谷陡峻的地区。在我国南方,尤其是西南地区,多山多雨,极易发生山体滑坡并形成泥石流,给人们的生产生活带来严重危害。其主要表现在:泥石流常常具有暴发突然、来势凶猛和迅速的特点,并兼有崩塌、滑坡和洪水破坏等现象,其危害程度往往比单一的滑坡、崩塌和洪水更为严重。它对人类的危害具体表现在如下几个方面:

对居民点的危害。泥石流最常见的危害是冲进村镇,摧毁房屋、工厂、企事业单位及其他场所、设施,淹没人畜,毁坏土地,甚至造成村毁人亡。

对交通设施的危害。泥石流可摧毁路基、桥梁等设施,甚至埋没车站、铁路、公路,致使交通中断,还可能引起正在运行的火车、汽车颠覆,造成重大的人身伤亡事故。

对水电工程的危害。泥石流可冲毁水电工程，如水电站、引水渠道，在造成巨大经济损失的同时，还可能引发其他灾害。

对矿山的危害。泥石流可摧毁矿山及其设施，淤埋矿山坑道、伤害矿山人员，造成停工停产，甚至使矿山报废。

（3）泥石流灾害的防护与自救

了解泥石流发生的区域及其前兆。山丘地带，坡度较陡、坡体成孤立山嘴或为凹形陡坡，坡体上有明显的裂缝，坡体前部存在临空空间、崩塌物，说明这些地方曾经发生过滑坡或崩塌，要避免多雨季节尤其是大雨来临前在此类地方游玩。

选择平整的高地作为营地，尽可能避开有滚石和大量堆积物的山坡，不要在山谷和河沟底部扎营。

沿山谷徒步时，一旦遭遇大雨，要迅速转移到附近安全的高地，离山谷越远越好，不要在谷底停留过久。长时间降雨或暴雨渐小之后，或雨刚停之时，不能马上返回危险区，泥石流常滞后于降雨。

遇到泥石流，一定要镇静，马上与泥石流成垂直方向向两边的山坡上爬，爬得越高越好，跑得越快越好。不要上树躲避，泥石流可扫除沿途一切障碍。不要躲在陡峻山体下，以防止坡面泥石流或崩塌带来危害。

遇上泥石流不要躲避在车厢内。车厢容易被埋在泥石流下，车厢内的人会因窒息而死亡。

（三）其他自然灾害

1. 海啸

一般来说，海啸的发生与地球构造紧密相关，地震多发地一般也是海啸多发地，但是由于海啸能量巨大，有时波及很广。不论是居住在沿海地区，还是去沿海地区旅游，都要掌握海啸自救的常识。

地震是海啸的"排头兵",如果感觉到较强的震动,就不要靠近海边、江河的入海口处。如果收到附近发生地震的消息,要做好防范海啸的准备。海啸能量巨大,有时会在地震发生几小时后到达离震源上千公里远的地方。

在海上坐船,接到海啸预警后应避免返回港湾,海啸在海港中造成的落差和湍流非常危险。如果有充足的时间,应该在海啸到来前把船开到开阔的海面。如果没有时间开出海港,所有人都要撤离停泊在海港里的船只。

海啸登陆时海水往往明显升高或降低,如果看到海面后退速度异常,要立刻撤离到内陆地势较高的地方。

要注意观察一切与海啸相关的异动前兆:海水冒泡、鸟兽的异常行为、耳鸣等。如有异常,应迅速撤离。

2.雪灾

雪灾是因长时间大量降雪造成大范围积雪成灾的自然现象。我国东北、西北、青藏高原地区冬季下雪频繁,经常暴雪成灾,北欧和北美地区也经常发生雪灾。尤其是因天气异常导致的猝发型雪灾,对人类生产生活影响很大,甚至会造成人员的伤亡。这就需要人们保持警惕,在雪灾多发季节做好防护工作。

①不要在雪灾多发季节到雪灾多发地旅行。在出门旅游时要做好调查,尽量避免在冬季到北欧、北美等地旅行。如果专程前往滑雪,一定要结伴而行,要找当地有经验的居民或者服务公司做导游。

②关注天气预报。关注天气预报是避免天气灾害的主要方式,在出门旅行时,要多关注出门前后几天的天气情况,随时调整自己的行程和目的地。

③雪天出门要注意御寒。滞留在车站或者其他公共场所的人,要扎紧袖口、裤口,扣上领口,放下帽耳,戴好手套,保持体温。保持服装的通气性相当重要。衣服不可穿得过紧,这样不仅不会使人感到暖和,反而会让人感到寒冷、难受。穿一件厚衣服不如多穿几层薄衣服,这样会有更多的空气层,保温效果更好。要保持服装干燥,淋湿或汗湿的衣服要及时烘干,衣服上的冰雪要及时

抖掉。

④及时补充能量。体质较弱的学生要注意调整饮食,增加御寒食物的摄入,如羊肉、狗肉、甲鱼、虾、鸽、鹌鹑、海参、枸杞、韭菜、胡桃、糯米等。要多运动,以提高御寒能力。酒精不能产生热量,寒冷时绝对不要饮酒,饮酒虽然暂时可以造成身体发热的感觉,但实际上是酒精使血管膨胀,加快了身体的散热速度,这会导致体力衰弱,很多酒后冻死的案例就说明了这一点。

⑤雪天出门要注意防滑。下雪会导致路面湿滑,大学生不要在雪地上追逐打闹,以免摔伤。要穿摩擦力比较大的鞋子,如在鞋子外套上棉袜可以增加摩擦力。女生不要穿高跟鞋,以免扭伤、摔伤。要选通气性好的鞋,如帆布、皮革等材料的鞋。如穿橡胶与塑料鞋,脚在出汗以后,易发生冻伤。硬而紧的鞋子妨碍脚部的血液循环,也易发生冻伤。当脚趾有麻木感时可做踏步运动,以促进血液循环,防止冻伤。

⑥经常活动按摩。着装要尽量减少皮肤暴露的部位,要及时戴口罩、围巾、帽子、手套等。对易于发生冻疮的部位,有必要经常活动或按摩。要避免接触导热快的物品,以免加速热量的流失,引起局部冻伤。

⑦如果在野外遇到暴雪,一定要镇静。首先要打电话报警,报告自己的具体位置,并等待救援。在等待过程中,可以多做运动以取暖,但是不要随便走动,尤其是不要离开大路,以免迷路,影响救援。要尽量节省手机电池及其他电源中的储备电,以保持与救援人员的联系或者方便自己随时使用。

3. 雷电

雷电灾害是我国主要的自然灾害之一,最为严重的是广东省南部地区,东莞、深圳、惠州一带的雷电自然灾害已达到世界之最。例如,在东莞,夏季5~8月份,因雷电灾害造成的损失达上千万元,而且每年都会发生多起雷电伤亡事故。

雷电是伴有闪电和雷鸣的一种放电现象。雷电一般产生于对流旺盛的积雨云中，因此常伴有强烈的阵风和暴雨，有时还伴有冰雹和龙卷风。在雷电灾害多发的季节和地区，要关注天气，避免雷电灾害。

在室内时，要注意关闭门窗，远离门窗、水管、煤气管等金属物体。关闭家用电器，拔掉电源插头，防止雷电从电源线入侵。雷雨天尽量少洗澡，尤其是太阳能热水器用户，切勿洗澡。

在室外时，要及时躲避，不要在空旷的野外停留；无处躲避时，应尽量寻找低洼之处（如土坑）藏身，或者立即下蹲，降低身体高度；远离孤立的大树、高塔、电线杆、广告牌；不要使用手机。如多人共处室外，相互之间不要挤靠，以防雷击中后电流互相传导。

4.台风和龙卷风

台风是产生于热带洋面上的一种强烈热带气旋。发生地点不同，台风的叫法也不同。在欧洲、北美一带称"飓风"，在东亚、东南亚一带称"台风"，在孟加拉湾地区称作"气旋性风暴"，在南半球则称"气旋"。我国是台风多发的国家，每年都因台风遭受很大损失，甚至是人员伤亡。大学生要掌握应对台风侵袭、减少损失的措施。

关注天气预报。台风来临前，不要出海游玩，不要下海游泳。台风来时浪花汹涌，在海上非常危险。台风来临前，要关好门窗，将自家露天阳台或宿舍阳台的杂物整理好。

台风来临时，一般伴有大暴雨，如果要出门，一定不要赤脚，最好穿雨靴。一方面可以保护自己不被破碎的玻璃、砖块等划伤，另一方面也能避免踩到带电电线而发生触电事故。

在经过建筑工地或者其他杂物比较多的地方时，一定要保持距离，以免危险物体从高处落下而被砸伤。不要站在塔吊下，因为塔吊可能会被大风吹断或吹倒。

慎重选择交通工具。大风天气出门建议选择公共交通工具，不要自己开车出门。

二、事故灾难

事故灾难是由具有灾难性后果的事故引起的灾难,是在人们生产、生活过程中发生的,直接由人的生产、生活活动引发的,违反人们意志的,迫使活动暂时或永久停止并且造成大量的人员伤亡、重大的经济损失或环境污染的意外事件。与大学生有关的事故灾难主要包括电梯事故、电击事故、建筑物坍塌倾倒事故、毒气事故等。

(一)电梯事故

随着高校教学楼、宿舍楼硬件设施的改进,电梯已经成为大学生日常生活中不可缺少的重要工具。随之而来的便是电梯事故的增加,因此大学生要对电梯安全知识有一定的了解,遇到电梯事故时能采取合理的措施。

1. 不要乘坐有故障的电梯

电梯都有专业人员进行维护,如果电梯口放有"故障维修"等警示牌,一定不要乘坐,如果他人乘坐也要积极劝阻,以免发生安全事故。如果在乘坐电梯时电梯发出异样的声音,或者速度忽快忽慢,最好走出电梯以防事故发生,并通知专业维修人员。

2. 保持冷静,积极求救

电梯发生故障停止运行时,要保持冷静,不要采取过激的行为,尤其禁止乱蹦乱跳,以免发生其他意外,更不要用手使劲扒电梯门。一般电梯上都有与外界联系的紧急电话,发生事故时可迅速按下电梯上的警铃,如果手机有信号,还可以拨打110、119等救援电话。

3.如果电梯加快下行，要积极自救

电梯在运行过程中突然下降，形势比较危急时，如果电梯内有应急电源，要立即按下，这样电梯会停止下落，同时要迅速按下所有楼层的按钮，不论电梯在哪个楼层停止并开门，一定要迅速离开。如果上述措施没有起效，这时要注意自我保护，将整个背部和头部紧贴电梯内壁，用电梯内壁来保护脊椎。同时下肢呈弯曲状，脚尖点地、脚跟提起以减缓下落的冲击力，用手抱颈，避免脖子受伤。

（二）电击事故

电击指电流通过人体内部器官时，破坏人的心脏、肺部、神经系统等，使人出现痉挛、窒息、心颤、心搏骤停等症状，甚至造成人死亡。低电压电流可使心跳停止（或发生心室纤维性颤动），继而呼吸停止。高压电流对中枢神经系统的强力刺激，可使被击者呼吸停止，随之心跳停止。电击是最危险的一种伤害，绝大多数（大约85%以上）的触电死亡事故都是由电击造成的。电伤是指电流对人体外部造成的局部伤害，如电灼伤、金属溅伤、电烙印。大学生在用电时要遵守学校规定，安全用电。

1.遵守宿舍管理规定，不随便改造电路

高校对学生宿舍的安全用电作了相关规定，如不能在宿舍使用大功率电器，不能随便改动原有电路，等等。很多学生不自觉遵守，趁管理员不备，要么开启大功率电器，要么将原有电路改造，要么将充电器等设备长期插在插座上，这些都给宿舍安全带来了隐患。

2.了解简单的用电、防电知识

用电、防电知识涉及家庭、学校生活的方方面面。大学生要了解最基本的电器工作原理，了解房间内最基本的线路布置情况，要确定房间尤其是教室总电源的位置，以便更好地用电、防电。

3.正确使用各种电器

不要随便安装电器,一般的家用电器可以对照说明书进行安装测试,如果是比较贵重的设备,最好找专业人员安装,以免因安装不当发生触电、漏电等事故。一定要在使用年限内使用各种电器,使用超出安全使用年限的电器,容易引发安全事故。

4.远离高压带电设备

高压带电设备的影响非常大,即便没有接触,也会对人体放电。大学生外出时,不要随便触碰街道旁边或者野外的高压、变压设备,不要在高压线下长时间停留。

5.遇险后迅速关闭电源

发生触电事故后,应该立即拉下电源开关,或者拔掉插头。救助时,不要直接用手抓扶触电人员,要用干燥的木棍、塑料棍等绝缘材料将触电人员身上的电线挪开。

(三)建筑物坍塌倾倒事故

建筑物坍塌是由于建筑质量问题或建筑物老化而引起的。当前,不少不法房地产商为了追求高利润,偷工减料,造成各种建筑物质量问题。大学生一定要高度重视建筑物安全问题,以免受到伤害。

1.不住危房

房屋受其建筑质量、建筑材料、建筑技术等的影响,都有一定的使用年限,在租住房屋的时候要注意房龄、结构,一定不要贪图便宜而住进危房。

2.出行要远离危险建筑物

很多建筑物从外观上便可判断其牢固性,如有的建筑物因为质量差而出现裂缝、局部坍塌等情况,有的建筑物正处于半拆除状态,等等。大学生在出行时,一定要注意避开这些危险建筑物,尤其不要在这些建筑物上攀爬,以免摔伤或造成其他损失。

3.建筑物坍塌应急防护

如果处于坍塌建筑物的内部，必须及时躲藏，最安全的可利用物就是坚固的桌椅等家具，可以躲藏在家具里面或者下面，以避免砸伤。另外，在结实的钢筋混凝土承重柱下避险也是不错的选择。意外发生时，要紧紧抓住较为坚固的物体，以免自己被摇晃、倾倒的建筑物压伤，切记不要乱跑。危险过后，要及时撤出建筑物，千万不要乘电梯，以免发生意外。

如果处于坍塌、倾倒建筑物的附近，一定要及时离开；如果是建筑物整体发生倾倒，一定要保持镇静，按照最短的直线距离撤离，不要拥挤，以防发生踩踏事故。

（四）毒气事故

毒气是对生物体有害的气体的统称。毒气有天然毒气和人工毒气两种。化工等重污染企业对人们的生产生活构成威胁，大学生要注意预防毒气伤害。

1.组织活动时避开化工等重污染企业

组织集体活动时，要注意周边地区化工厂等重污染企业，了解其原料、产品、肥料的性质、毒性等，如果要组织郊游活动，不要在其下风向活动。

2.不要住在重污染企业附近

需要租住房屋时，要远离可能产生毒气的工厂，确有必要在其附近居住的，不要选择其下风向地区。

3.正确使用燃气

做饭、烧水时不要离开，用完燃气及时关闭阀门。如果发生泄漏，要开门、开窗通风，不要打开抽油烟机，以免产生火星，酿成火灾甚至爆炸。

4.不要贸然进入无人的洞、坑

在野外游玩时，不要贸然进入无人的坑、洞，以免一氧化碳中毒。进入时可以带火把，如果火把熄灭，则要及时撤出。

5.*毒气泄漏时的防护*

发生毒气泄漏时，立即用湿毛巾遮掩口鼻，尽快向上风向撤离，一定不要顺风向猛跑，因为顺风跑得越猛，肺部受损就会越严重。也可以先侧风向跑，等毒气浓度小后再向上风向跑。

三、公共卫生事件

（一）流感

1.*流感的成因与类型*

流感，即流行性感冒，是由流感病毒引起的急性呼吸道感染，也是一种传染性强、传播速度快的疾病。流感的症状包括发热发冷、出汗、全身酸痛、头痛、肌肉痛、疲倦乏力、食欲不振、咳嗽、鼻塞等，严重时会引起肺炎及其他并发症，甚至会致人死亡。流感病毒有不同类型，每10年左右便会出现新的病毒品种。流感病毒可分为甲型流感、乙型流感和丙型流感三大类。甲型流感2~3年发生小流行一次，10~15年发生大流行一次。本节将主要介绍甲型流感。

2.*流感的预防*

虽然流感的传播力极强，但是流感是可防、可控、可治的。在学生密集的校园，更要注意防止流感的爆发。因此，大学生为了自身和他人的健康，要养成良好的生活习惯，自觉维护校园的安全环境。

（1）勤洗手、洗鼻

正常情况下，鼻腔本身具备一定的排毒能力，能够及时将流感病毒清理掉。在出现诱发因素的情况下，如受凉、淋雨、过度疲劳等，鼻腔排毒能力减弱，流感病毒长时间停留在鼻腔内,并大量繁殖侵入人体,从而使人感染上流行性感冒。洗鼻可帮助人体在出现诱发因素的情况下将流感病毒清除出鼻腔,从而极大降低感染风险。洗手也是为了避免细菌病毒侵入鼻腔。

大学生不论是上课还是就餐,经常聚在一起,这给流感病毒的传播提供了条件。因此,大学生要养成勤洗手的好习惯。外出归来、下课后、就餐前、在图书馆翻阅图书后,都要认真洗手。在没有洗手条件的情况下,可用消毒剂为双手消毒。

（2）养成良好的生活习惯

预防流感的良好生活习惯包括以下方面。

经常开窗通风,保持空气新鲜。

加强体育锻炼,提高自身免疫力。

注意个人卫生,经常使用洗手液、肥皂洗手,尤其在咳嗽或打喷嚏后,一定要洗手。

有良好的作息习惯,保持充足的睡眠、充沛的精力和体力。

流感主要是通过呼吸道飞沫传播。咳嗽或打喷嚏时用纸巾遮住口鼻,如无纸巾,不要用手,而是用肘部遮住口鼻。

尽量避免触摸自己的眼睛、鼻子或嘴巴,因为病菌可以通过这些途径进行传播。

必要时可佩戴口罩。流感爆发之际,搭乘公共交通工具宜戴上口罩,特别是车上有出现呼吸道感染症状或发烧的人员时。

（3）少去人群密集的公共场所

流感爆发之际,除了上课与就餐等必要的活动外,大学生应尽量减少前往公共场所的频率。人群密集之处,不但空气污浊,而且容易碰到流感患者或者流感病毒携带者,尤其是在流感高发的秋冬季节,很容易被感染。

（4）注射流感疫苗

现在各国都有普通的流感疫苗，接种普通流感疫苗对提高自身免疫力有很大帮助，对抵抗突发的流感大爆发也有很明显的功效。建议体质较弱的学生注射流感疫苗。

（5）药物预防

密切接触流感患者的学生，可以口服一定的中药、西药加以预防。但是不能随意用药，更不能自己开药方、乱吃药。如果在流感爆发期间，则要遵医嘱，可服用一定的药物。

3. 轻度流感的自我治疗

当有同学出现流感症状时，首先应到医院就诊。情况严重者，要及时向辅导员汇报。对于不需要住院的，应注意以下两个问题。

（1）注意保暖，不要随便吃退烧药

流感一般都有发烧、畏冷等症状，保暖不当会导致病情加重。发烧是人体免疫系统与病毒作战的信号，如果强行退烧，会削弱自身的抵抗力。如需用药，一定要谨遵医嘱。

（2）注意休息，不要过度劳累

人体免疫系统在抵抗病毒入侵的过程中会消耗大量的体力、精力，患流感时超强度工作、学习，会削弱自身的免疫力。因此，患有轻度感冒的学生要注意休息。

（3）注意饮食调整

如果饮食不合理，极易导致感冒反复发作。患流感期间，禁食咸食，过咸的食物容易生痰，导致咳嗽加剧；禁食甜、腻食物，甜味食物会加重湿气，而油腻食物不易消化；禁食辛辣热性食物，辛辣食物易伤气灼津，助火生痰，使痰不易咳出；禁食烧烤、煎炸的食物，此类食物的气味会刺激呼吸道及消化道，易导致黏膜收缩，使病情加重，而且也不易消化。

（4）注意环境消毒

如有同学患有流感，要做好隔离工作，以防传染给他人。如有条件，可自行隔离，与宿舍其他同学分房睡觉。如无条件，要加强防护工作。经常开窗，通风换气。病人用过的餐具、毛巾、口罩等物品，在清洗干净后，煮沸 15 分钟。病人经常接触的物品，如门把手、水龙头、电话、电器开关、遥控器等，建议适当使用含氯消毒剂（如 84 消毒液、漂白粉、碘消毒剂等）做表面消毒。

（二）狂犬病

1.认识狂犬病

狂犬病是由狂犬病毒引起的一种严重侵害大脑中枢神经的人畜共患传染病。狂犬病毒主要在动物间传播，人患狂犬病主要是动物咬人时牙齿上携带的狂犬病毒侵入人体所致。狂犬病在人与人之间的传播极为少见。

2.狂犬病预防

大学生要学习、了解、宣传狂犬病防护知识。狂犬病防护知识在国内普及程度比较低，很多地区的人们误以为只有流浪狗、流浪猫等才可能携带狂犬病毒，这是不科学的。作为大学生，首先要了解狂犬病相关防护知识，同时也要担负起宣传狂犬病防护知识的社会责任。

大学生外出活动较多，喜欢与猫、狗等小动物嬉戏，因此一定要加强自我保护意识，不要随意和动物嬉戏，尤其是要远离具有狂犬病特征的流浪狗、流浪猫等。如果自己养宠物，要及时给宠物注射疫苗，保证其安全。

如果不慎被猫、狗等抓伤、咬伤，要及时用清水冲洗伤口，以免病毒深入血液。不要包扎，因为狂犬病毒是厌氧的，包扎反而会加速病毒的繁殖，要及时到正规医院注射狂犬病疫苗。

对注射过有效狂犬病毒疫苗的全程接种者，如果在一年内发生较轻的可疑接触感染，可立即用肥皂水清洗伤口，同时密切观察咬人的犬，如在十日内咬人的犬未发病，可不必注射疫苗。如果是一年以后再次被咬伤，可于当天和第三天各注射一针疫苗。对咬伤严重、以前接种过疫苗但接种时间较长者，则要重新开始全程接种，必要时应使用狂犬病免疫球蛋白。由于狂犬病疫苗也在不断改进，注射的情况会随医药技术的提高而改变，因此不论是何种情况下被猫、狗等咬伤，都要先去医院征求医生建议，谨遵医嘱。

要带头遵守城市养宠物的有关规定，不要饲养体型较大、比较凶猛的犬只或其他宠物，要定期给宠物注射疫苗，以保证自己和他人的安全。

（三）艾滋病

1.认识艾滋病

艾滋病的医学全名为"获得性免疫缺陷综合征"，致死率几乎为100%。HIV本身并不会引发任何疾病，但是当免疫系统被HIV破坏后，人体由于抵抗能力过低，丧失复制免疫细胞的能力，从而感染其他疾病导致各种复合感染而死亡。

艾滋病主要是通过血液传播、性接触传播、母婴传播。艾滋病毒主要存在于患者的精液、血液、阴道分泌物、乳汁、脑脊液中。其他体液，如眼泪、唾液和汗液，存在的病毒数量很少，一般不会导致艾滋病的传播。

2.艾滋病预防

不洁性行为是艾滋病毒传播的重要途径。如果患有性病，则更会增大感染HIV的概率。

输血也是艾滋病传播的重要途径。目前，根据国家规定，所有血液用品都必须经过相关检验。如果需要接受血液制品注射，务必到大医院，以保证自身的安全。

不要与他人共用针具。需要静脉注射时一定要使用一次性针具，不要与他人混用。

（四）甲型肝炎

1.认识甲型肝炎

甲型肝炎即甲型病毒性肝炎，是由甲型肝炎病毒引起的一种急性传染病，临床表现为起病急，畏寒、发热、食欲减退、恶心、疲乏、肝肿大及肝功能异常，一般不转为慢性和病原携带状态。甲肝主要是经由不洁饮食等途径传播。甲肝病毒主要以人体、猕猴、人猿等灵长类动物为宿主，潜伏期为 2~6 个星期；在感染一个星期内，还可以在粪便中找到病毒；而被感染个体的症状跟感冒患者较为相似。

2.甲型肝炎预防

养成良好的生活习惯，注意个人卫生，勤洗手，不喝生水。瓜果蔬菜要洗净、做熟。

与甲型肝炎患者共餐时，餐具要消毒，在外就餐最好分餐，建议自带筷子等餐具。

要及时注射疫苗。甲型肝炎疫苗技术已经比较成熟，注射疫苗是最简单和有效的预防方法。

（五）乙型肝炎

1.认识乙型肝炎

乙型肝炎即乙型病毒性肝炎，是由乙型肝炎病毒引起的一种世界性疾病。在发展中国家发病率较高。乙型肝炎以亚临床型及慢性型较常见。该病主要通过血液、母婴和性接触进行传播。

2.乙型肝炎预防

注射乙型肝炎疫苗是预防和控制乙型肝炎的根本措施。在乙型肝炎病毒携带者广泛存在，传染源管理十分困难的情况下，控制和预防乙型肝炎的关键是注射乙型肝炎疫苗。

坚持体育锻炼,提高自身免疫力,养成良好的作息习惯,休息好,保持体力、精力充沛,也有助于预防乙型肝炎。

(六)流行性乙型脑炎

流行性乙型脑炎是一种流行范围广、危害性强的虫媒病毒性疾病,致死率为5%~15%,老年患者致死率为50%~70%,病残率在30%左右。

1.认识流行性乙型脑炎

流行性乙型脑炎是由乙脑病毒引起的中枢神经系统急性传染病。乙脑多流行于东亚和南亚。我国是乙脑病的多发区,据估计,平均每年有近万例病例发生,临床表现为急起发病,有高热、意识障碍、惊厥、强直性痉挛和脑膜刺激征等,严重者可出现呼吸衰竭。

流行性乙型脑炎有三大流行特点。第一,严格的季节性。除热带地区一年四季发生外,亚热带和温带地区有严格的季节性,绝大多数病例集中在7月到9月。第二,高度的散在性。因隐性感染者多,临床发病者少,所以呈散在性分布。第三,患者年龄结构有变化。该病可以发生在任何年龄段。近年来,儿童与成人患者之比几乎为1∶1,且老年人发病数逐年增多。

2.流行性乙型脑炎预防

(1)灭蚊

蚊虫是流行性乙型脑炎的主要传播者。在蚊虫多发季节,灭蚊虫、防叮咬是非常有效的预防方法。

(2)注射疫苗

按国家规定,流行性乙型脑炎疫苗的注射重点是儿童,以及新由非疫区到疫区的人。流行性乙型脑炎疫苗应在1岁时注射2次,间隔7~10天,其后在2岁、3岁、7岁、13岁时分别注射1次。

(3) 控制动物宿主

猪、马等是流行性乙型脑炎的主要扩散宿主,要做好对猪、马等大型牲畜的管理,猪圈和住房要分开,注意做好猪圈、马圈的卫生工作,从而保护易感染人群。

四、社会安全事件

(一) 大型集体活动

大型集体活动是指举办者租用、借用公共场所举办的参加人数较多的群体性活动,包括会议、庆典、文艺演出、体育比赛等。大型集体活动现场人员众多,设备复杂,必须防范安全事故的发生。大学生不管是参加校内活动还是其他公共场合的集体活动,都要树立安全意识。

1.服从活动现场管理

在大型集体活动中,如演唱会、演讲会等,出于安全考虑,举办方都会安排专门人员维持活动现场的秩序,参与人员一定要服从安排,避免引起混乱。

2.了解现场安全通道

不论是参加学校举办的活动还是社会活动,进入场地后都要先了解环境,查看安全出口和消防设施,如果有安全通道被堵,或者紧急出口被锁的情况,应通知相关人员尽快处理。

3.远离危险区域

例如,燃放烟花、爆竹时,不要步入燃放区域;由于气球内充有氢气,若需要给气球充气,不要吸烟或夹带明火入内,以免引起爆炸。

4.避免踩踏事故

在大型集体活动中,对人身安全影响最大的莫过于踩踏事故。大学生在参加集体活动时，要提高警惕，预防踩踏事故的发生。

举止文明，人多的时候不拥挤、不起哄，不制造紧张或恐怖气氛。当发现有人情绪不对，或人群开始骚动时，要及时做好撤离准备。

陷入拥挤的人流时，一定要先站稳，即使鞋子被踩掉，也不要弯腰捡鞋子或系鞋带。发觉拥挤的人群涌向自己的方向时，要立即挪到一旁，待人群过去再迅速离开现场。

若自己不幸被人群挤倒，要设法靠近墙角，身体蜷成球状，双手在脖子后紧紧扣住，以保护头部。

（二）暴力犯罪事件

1.认识暴力犯罪

暴力犯罪是指使用暴力手段或以暴力相威胁蓄意危害他人生命、财产安全和社会安全的犯罪行为。其基本特征为具有明显的暴力性质。近年来，暴力犯罪有向校园蔓延的趋势，如校园里经常会出现打架斗殴事件。有的犯罪分子利用大学生警惕性不高的特点，流窜到大学校园（尤其是位于郊区的大学校园）实施抢夺、抢劫甚至强奸等暴行。暴力犯罪具有以下三个特点。

从行为上来看，暴力犯罪一般具有突发性、冒险性等特征。作案者会使用棍棒、砖石、刀斧、匕首等钝器或锐器，或采用拳击、卡喉、投毒等方式危害他人与社会安全。

从社会危害性的角度来看，暴力犯罪具有暴力性、凶残性、狡诈性和危险性等明显特征，较其他类型的犯罪对社会具有更大的威胁，影响更恶劣。

从时空分布的角度来看，在农村地区，杀人、强奸等暴力犯罪的发案率较高，而流氓斗殴行为则以城市为主，抢劫则主要发生在城市的近郊。

2.暴力犯罪防护

（1）增强安全意识

大学生要了解暴力犯罪的时空分布特点，没有特殊情况，深夜不要出门，尤其是生活在偏远或者农村地区的女生，不要深夜独自出门，遇到身份可疑、行动诡异的人员要提高警惕。大学生离开校园时，尽量保证有同伴随行，不要单独行动。

（2）保持镇静

遭遇暴力犯罪分子，一定要镇静，不要盲目呼救，不要与犯罪分子发生正面冲突，随机应变。要第一时间明白犯罪分子的真实意图，不要激怒犯罪分子，尽量与之周旋，以拖延时间，等待救援人员的到来。

（3）保证生命安全

不论是在何种情况下遭遇暴力犯罪分子，都要以保证生命安全为根本目的。关键时刻，不计较钱财得失，不要与犯罪分子争抢财物。要在保证生命安全的前提下，通知警方或自行采取行动。

（三）恐怖袭击事件

1.认识恐怖袭击

恐怖袭击是极端分子人为制造的针对但不仅限于平民及民用设施的不符合国际道义的攻击方式。恐怖袭击从20世纪90年代以来，在全球范围内呈迅速蔓延的趋势。极端分子使用的手段也由最初的纯粹军事打击演化到绑架勒索、残杀平民、自杀爆炸等骇人行动。

常见的恐怖袭击手段主要有制造爆炸（普通炸弹爆炸、汽车炸弹爆炸、自杀性人体炸弹爆炸等）、枪击、劫持（包括劫持人，劫持车、船、飞机等）、纵火等。随着恐怖分子技术的提高，核与辐射恐怖袭击、生物恐怖袭击、化学恐怖袭击和网络恐怖袭击活动也逐渐增多。

2.恐怖袭击防护

出门旅游要有安全意识，如果旅游目的地曾经发生过恐怖袭击事件或者有发生恐怖袭击事件的可能（可以查阅外交部发布的相关安全文件），必要时可以取消出行或者改变行程。

如果处于高危险地域，一定要提高警惕，对可疑人员要时刻保持警惕，积极配合警方进行的防范恐怖袭击的各项活动，遇到情况及时上报。

在大型公共场所遭遇恐怖袭击时，要迅速离开现场，要服从现场工作人员或警方的安排，不要盲目四处逃散，以免因拥挤、踩踏造成伤亡。如果遭遇枪击等不能迅速离开，要就地卧倒或者寻找隐蔽地点，最重要的是保护好自己的头部、胸部等重要部位。如果是在黑暗的室内，不要点火照明，以免引起进一步的燃烧甚至爆炸。

在快速行驶的车辆上遭到恐怖袭击时，一定不要有拉门、跳车等危险行为，要迅速按下报警按钮，警示司机停车，等车辆停稳后有序下车。如果是在地铁里，要有序疏散到邻近车厢，不要单独行动，如果身上着火，可就地打滚灭火。

被恐怖分子劫持，一定不要反抗，不对视，不对话，趴在地上，动作要缓慢，尽可能保留和隐藏自己的通信工具，及时把手机调为静音，适时用短信等方式向警方求救（短信报警号码为12110），并报告恐怖分子的基本信息。在警方发起突袭的瞬间，尽可能趴在地上，在警方的掩护下撤离现场。

第四章　大学生学业安全教育

第一节　勤工助学安全

一、打工安全

假期中,大学生没有课业负担,成了有知识、有时间的"自由人",所以利用假期打工早就已经成为许多大学生的共同选择。尤其是近几年,利用课余时间、双休日、"五一"及"十一"长假去社会上打工的在校大学生越来越多,对于大学生而言,打工的目的各不相同。有的是为了挣点零用钱;有的是想获得工作经验,为自己积累资源;而有的是依靠打工拓展人际关系,提升自己的能力。当然,最常见的目的是挣生活费,减轻家庭负担。对于经过了十年寒窗苦读的大学生来说,找一份兼职工作,不仅能获得可观的收入,提高自己的能力,还能锻炼自己的交际能力,为日后就业打下良好的基础。另外,打工还可以让大学生更好地锻炼自己,寻找人生定位,让他们体验打工的不易和赚钱的辛苦。

由于大学生利用业余时间打工已成为大学校园里的一种普遍现象,一些不法分子、不正规的中介公司以此为"契机",抓住大学生社会经验不足的弱点,向校园"打工族"伸出了黑手,明目张胆地进行欺诈活动。近年来,大学生在勤工助学过程中被骗的事件屡屡发生,一些不法分子将缺乏社会经验、赚钱心切和防范意识较差的学生作为诈骗对象，从而使各类不安全事件日渐增多。大学生在勤工助学时被骗，不仅让他们的权益得不到保障，还会让他们的积极性严重受挫，甚至威胁他们的生命财产安全。因此，大学生要谨防各种诈骗，了解诈骗分子的惯用伎俩，防止上当受骗。

（一）大学生打工陷阱

目前，大学生的劳工市场远未成熟，鱼龙混杂，陷阱重重，涉世未深的学生稍不注意就会上当受骗。大学生的打工陷阱一般有以下几种情况。

1. 骗力

（1）不付报酬

一些学生被个人或流动服务的公司雇佣，讲好以月为单位领取工钱，但雇主往往在8月份找个借口拖延一下，而到9月份学校开学后，公司就消失得无影无踪，令学生白白辛苦一个假期。

（2）临时苦工

一些个别小企业、小公司特别是个体建筑承包者看准假期大学生挣钱心切、对所从事工作的内容往往不太计较的心理，因此等假期一到，就将平日积攒下的一些员工不愿从事的苦、脏、累、险的工作丢给学生，然后给一点钱打发了事。这些小企业、小公司通常不与学生签订任何合同，一旦发生工伤等情况，打工的学生往往索赔无门，欲哭无泪。

（3）克扣工资。

找工作时，讲好是按月领取工钱，公司往往在快要付工资时以"不合格"为由将学生辞退，或者找种种理由故意克扣工资。

（4）以"考察"的名义骗取劳动成果

有的公司在网上发布信息，要求通过电子邮件等方式对应聘者加以考察，如翻译、创作等工作，貌似考察，实际是在欺骗和利用大学生的脑力资源。一旦学生从网上把稿件、创意等内容发过去，就会被告知不能采用，其实他们已经利用了学生的信息或智力资源，但是在网上很难取证。

2.骗钱

学生打工过程中有时被要求先交纳一部分资金，而这部分资金就是不法之徒牟取的利益。

（1）中介坑钱，工作无着落

一些非法的、不规范的中介机构利用大学生急于在假期打工的心理，打着"急招"的幌子引诱学生前来报名登记。一旦中介费到手，便将登记的学生搁置一边，不及时地为大学生找合适的工作，等他们"找到"了，早就开学了，学生也不能去工作了，中介费也就白交了。或者当钱到手后，将一些没人干的工作，甚至是不存在的工作介绍给大学生，让学生自己提出不干，中介则赚取中介费。

（2）乱收费用

有些用人单位声称为了方便管理，要向应聘者收取一定数额的押金或者培训费，并许诺工作结束后退还，然而工作结束时大学生只能领到工资，保证金却不见踪影。

（3）以招聘为名骗钱

这是一种以招工、介绍工作为名的诈骗。一些诈骗分子以高收入为诱饵，以招聘的名义针对学生设置骗局，并信誓旦旦地告诉学生很快就能为其找到工作，有的还会出示一些"道具"，如某某公司的招聘职位表等，或者干脆从网上下载各类过期职位信息给学生，然后巧立名目，收取高额的中介费、培训费、押金、报名费及其他不明费用，通常在收取费用后，招聘人员便会消失得无影无踪，这让许多大学生叫苦不迭。

3.骗色

一些不法之徒还把目光盯在女学生身上，利用在校大学生社会经验少、轻易相信人的弱点，进行犯罪活动。

（1）频频骚扰，趁机"揩油"

这类事件多发生在招聘家教或文秘时。有的女同学在被对方约见时，不加考虑就单独前去，有时会遇到性骚扰甚至性侵害。

（2）打着各种幌子行骗

有些不法分子会打着模特、休闲娱乐等行业的幌子诱惑女大学生，这类招工通常称招模特或歌星，能让学生进入影星培训班，然后要学生花大价钱拍艺术照参加遴选，最后再找借口说应聘者条件达不到要求，予以拒绝。也有的是以娱乐场所的高薪来诱惑大学生从事所谓的"公关"工作，包括陪客人唱歌、喝茶，甚至从事卖淫活动。在这样的场所里工作，大学生可能会遭到凌辱，而且很容易误入歧途。

（二）大学生勤工助学容易上当受骗的原因

大学生社会经验较少，思想相对单纯，容易成为骗子的目标。大学生的单纯和社会的复杂形成了鲜明的对比，光怪陆离、形形色色的社会也完全不同于大学校园的单纯与美好。所以对于那些涉世不深的大学生而言，当他们对复杂的社会认识不够深时，就很容易被一些人利用，导致上当受骗。有的学生找工作时安全意识淡薄，比如在做家教时，许多大学生对雇主的情况不了解，便轻信他人。有的大学生缺乏自我保护意识，对他人是否会对自己的人身造成伤害，通过什么方式能够保证自己的血汗钱不付诸东流等问题，没有考虑过。在打工时，他们不知道通过签订合同的方式来保障自己的权益不受侵害。

（三）打工期间应注意的事项

1.打工时应找正规的中介机构

在碰到那些"一间门面、一张桌子、一部电话"的中介所或"人才市场"

时，要格外当心。正规的中介机构通常具备以下特征：有营业执照和招工许可证原件；明码标价；公示劳动监察机关举报电话；收费时出具由税务部门监制的发票；服务人员持有职业资格证。

2.尽量在熟悉的环境里求职

在熟悉的环境里，雇主或是同事当中有熟悉的人时，相对比较安全。就算发生意外，也有人照应。面试时尽量携伴同行，认真观察工作环境，与雇主合理沟通。碰到不合理的要求，要有勇气拒绝。

3.事先了解单位的合法性

在去用人单位面试前，最好先打电话求证这家单位的合法性。例如，了解他们是否有工商、税务营业执照，是否有固定场所。在确定工作地点与公司是否合法后，可以先找人了解一下工作的内容、性质、待遇，以及自己岗位的前景。如果可以的话，尽量与曾在这个单位中打工过的人员聊聊，以了解主管的为人与用人单位的状况。

4.防止以招聘之名盗取个人信息

当对方要求你提供奇怪的证明材料时一定要多留个心眼儿，在任何情况下都不能向一知半解的"招聘单位"透露你的任何隐私信息，一旦发现侵权迹象应当及时报案。

5.防止以招聘之名非法敛财

调查显示，职场中最大的骗局当属收取保证金、押金，其比例占到了28.16%。有许多用人单位在雇佣大学生时，以所谓流动性大、单位物资贵重等理由，不合法地收取大学生押金、身份证、学生证，甚至房产证。

6.事先协商支付方式

求职时注意先界定薪酬的上下限，并协商支付方式。尽量减少薪酬中的"软性成分"，或者试行一个月后重新规划。不清楚的地方要问明白。例如，试用期待遇如何，时间多长，加班时间费用如何计算等。问清楚就不会糊里糊涂地上当,吃哑巴亏了。

7. 别被不实际的广告宣传迷惑

天下没有白吃的午餐,正规公司在招聘员工之前一定经过特定程序的评估,因此那些所谓的高额小费、高收入、上下班自由、免经验、工作轻松等诱人的广告内容,通常暗藏玄机,这类广告往往是色情行业的广告,大学生要尽量避免接触这样的公司,以防陷入危险,更不要被说服购买材料等。至于"小投资发大财"或"赚钱创业良机"等广告,也一定不要相信。

8. 要学会维权

一般大学生在暑假期间或课后打工,其与雇主的关系并不被认为是劳动关系,而是劳务关系,这使得大学生打工时在诸如劳动安全等方面难以得到全面的保障。

需要说明的是,尽管大学生与用人单位之间建立的不是劳动关系,但民事的劳务关系还是存在的。因此,大学生在假期打工时应与用人单位签订一份"劳务协议"。可以比照劳动合同的有关规定,协议可包括以下内容:用工双方的名称、工作内容、劳动期限、劳动报酬及其支付方式、工作时间和工作班次、企业的管理职责、劳动安全保护条件、伤亡事故的处理办法等。有了这份协议,一旦与用人单位发生纠纷,大学生可将此作为民事纠纷向人民法院提起诉讼。

9. 发现安全隐患应及时排除或求救

在勤工俭学的过程中,一旦发现用人单位或雇主有侵权、违约、强迫打工者从事违法行为时,应立即向有关部门反映,紧急情况下及时拨打110报警,以保证自己的合法权益不受侵害。

10. 多参加一些社会活动

大学生自身一定要严格要求自己,多参加一些社会活动,多听一些关于法律的知识讲座,多参加一些安全防范教育活动,多掌握一些防范知识,这对自己有百利而无一害。

二、家教安全

在众多兼职工作中，家教凭着报酬高、"上手"容易等特点，最受大学生的欢迎。应该说，家教是学生进行勤工助学的一种良好方式，但在现实生活中常会发生各种安全事件。因此，大学生有必要掌握家教安全防范知识，维护自己的合法权益。

（一）选择正规的家教渠道

大学生找家教一定要通过正规的渠道，如学校的勤工助学中心、正规的家教服务机构、正规的中介、大型的人才市场等。通过朋友圈、QQ群等方式联系家教，很容易被不法分子利用。

（二）认清家教职责，不要轻易缴纳各种费用

不排除有些请家教的人有着不良动机。由于条件的限制，家教中心也无法确定每位家长的真实身份。大学生和家长见面后所发生的事情，是家教中心不能控制的。对付此种骗局，就需要大学生牢记一件事——你找的是家教，是挣钱的，根本不需要预先付钱。认清这一点，骗子的计谋就不会得逞。一旦发现可疑人员要及时报告，上当受骗后要及时报案、大胆揭发，使犯罪分子受到应有的法律制裁。

（三）不要轻易泄露个人信息资料

在一些大学校园里，不难见到大学生寻找家教工作的应聘信息，这些信息

除了明确辅导科目、级别、范围、时间等内容外，还写明了姓名、专业、年级、电话号码、家庭住址等，让人们对应聘大学生的基本情况一目了然。但一些别有用心的人正是通过这些信息确定作案目标，而接到电话准备去"面试"的大学生却对对方的身份、职业等情况一无所知，这种信息不对称可能带来极大的安全隐患。

（四）不要轻易将自己的财物借与他人

家教是在学员家中进行的，或者是在双方约定的图书馆、自习室进行，如果对方和你约见在其他与家教活动不相关的场合并提出要借用你的贵重物品时，一定要提高警惕。

（五）及时结算费用，以防雇主拖欠工资

做家教之前一定要和对方确认好价格，并在每次上完课后及时结算，如果对方是按月付费，则最好主动与对方签订劳务合同，明确双方的权利、义务，一旦发生纠纷，要充分保障自己的利益不受侵害。

（六）树立自我保护和心理防范意识

家教中介所能做的只是详细登记家长的信息，不太可能采取进一步的措施去核实家长的情况。当学生开始与家长联系时，一切事情只能由双方单独商谈，最终达成协议，至于以何种方式、什么时候做，家教中介一概不管。所以女大学生在做家教之前，要有防范意识，详细了解家教情况，询问委托人的联系方式和家庭成员情况，如果所教学生家比较偏僻或离学校较远，要避免晚上去。

（七）合理选择家教对象，正确安排时间

大学生应当避免给成人异性做家教，先不说危险性，仅从大学生的能力与

心理的成熟程度考虑，给成人做家教也是不合适的。对孩子进行辅导最好多和孩子在一起，尽量避免一个人待在房间。再者，补习的时间要固定，要合理安排时间，不能太晚，也不能留宿雇主家。每次去辅导前最好告知同学或朋友，说明自己去哪里、何时回来等。

（八）接到面试电话时切勿盲目赴约

如果时间太晚或住址偏僻，宁愿放弃这次机会也不要贸然前往。在第一次见面和试讲的时候，最好和朋友一起去，然后双方留下对方的身份证复印件备用。当前，女大学生遭遇性侵犯等事件频频发生，犯罪分子常用的作案模式之一就是以请家教为名，将女大学生骗至其住所，然后对其下毒手。尽管有的侵害人最终受到了法律制裁，但对当事人来说，其身心受到的伤害是难以弥补的。

第二节　求职就业安全

当前，广大毕业生为了能早日找到一份满意的工作，通过各种方法和途径收集就业信息，发布个人简历，踊跃应聘，这是积极的就业态度。然而，由于各种类型的毕业生就业市场、人才招聘活动比较复杂，招聘信息五花八门，不法分子往往借机采取各种手段，欺诈毕业生及其家庭的钱财，甚至对毕业生本人的人身安全构成威胁。为维护合法权益，大学生在就业过程中，一定要增强就业安全意识，提高自我防范能力，不让犯罪分子有机可乘，避免人身和财产遭受损失。大学毕业生求职就业时应当注意以下事项。

一、正确选择择业渠道

参加政府人事部门、劳动部门或高校举办的正规招聘活动;尽可能到人才市场、大学生招聘会上寻找机会,这是主渠道,不要轻率地自找门路。如果参加社会招聘,一般找较正式的机构和厂矿、企事业单位,因为它们一方面内部管理比较规范,另一方面社会监督机制也比较健全。

如要到中介机构求职,一定要核实中介机构的营业执照、信誉等资质条件;国家已在职业介绍领域实行许可制度,从事职业介绍业务必须经劳动保障部门批准,领取职介许可证。营利性的职介机构还须报工商部门登记。目前,市场上的非法职业中介有些是无证无照经营,有些是超越经营范围开展业务。求职者到职业中介机构求职时,要多长个心眼儿。正规的职业中介机构通常具备以下特征:在办公场所悬挂营业执照和招工许可证原件;对服务项目、收费标准等一一明码标价;公示劳动监察机关举报电话;收费时出具由税务部门监制的发票,且发票上所写收费条目与实际服务项目一致;服务人员持有职业资格证。

网上求职应登录政府人事、劳动部门开设的网站,或者正规的企业及专业人才网站。网络、报刊等公共媒体上的招聘信息,一定要先经多方核实,不应盲目上门应聘。诸如单位状况、将从事工作的性质等,可通过学校、亲友了解。若觉得招聘信息及公司有蹊跷时,有条件的可以亲自登门,不妨拉上家人或者朋友、同学一起去"踩点",实地考察用人单位的情况,一来"群众的眼睛是雪亮的",二来也更安全,以防孤身一人落了单;还可以通过当地114查询台查单位号码,然后直接打听招聘事宜,还可以通过当地工商行政管理部门等查询单位是否合法及资质情况。这样除了防止受骗外,还便于在和用人单位签订合同时,使自己更加主动,防止之后发生民事纠纷。

不盲目接受陌生人的用工信息和要求;不轻信各种用工启事、电话信息;

不要轻信贴在电线杆、车站牌、偏僻角落的各类非法小广告或口头招聘广告；对于那些标榜高薪、没有明确的单位地址、只有联系电话和联系人的招工广告，一定要远离。

毕业生接到用人单位或个人招聘电话（尤其是陌生单位）后，应与学校就业指导中心联系，并要求用人单位经过学校就业指导中心确认。对未经联系而主动打入寝室的招聘电话，要提高警惕，谨慎对待；对只留手机号码，而以各种理由搪塞或拒不提供固定电话号码的招聘信息，不要轻信；对无正当理由只招女生，甚至规定不准同学或家人同去面试的招聘信息，女生千万要小心；如有来学校招聘的广告，一定要看清是否经过学校就业中心审核，看清是否加盖了公章。

二、个人资料加强保密，谨慎递简历

毕业生制作个人简历时，不要轻易填写过于翔实的个人信息。不要将自己的家庭详细地址、联系电话写进求职简历，一般提供手机号码和电子邮件即可，至于固定电话，可以提供院系负责就业工作老师的办公电话，最好不要随便加陌生人的微信。

大学生应加强对个人信息的保护，尤其是在网络上。现在不少高校通过设置个人电子文档为毕业生提供就业服务，以方便用人单位获取第一手资料。因此大学生对自己的一些个人信息要做必要的保留，因为不少网站存在信息保护不力的问题。目前，网上贩卖个人信息的帖子很多，且"价格可商量"，这为骗子提供了有利的条件。

不要采取"天女散花"的求职方式。对自己不信任的、不规范的公司不要随便投递简历。在求职过程中，不要随意发布个人信息和家庭信息，以免被不法分子利用。在一些招聘会上，人们经常可以看到一些求职者的简历被随意丢弃在地上。这些简历上面有着详细的个人信息，这些信息可能会给求职者带来很多意想不到的麻烦。现在很多不法分子四处收集个人简历，除了到招聘会上"捡"简历，还可能花钱从一些不太规范的公司去买。他们把简历进行分类，然后提供给职业中介、婚姻中介、假证制造者、短信服务商、广告商，接下来骚扰就源源不断了。

三、注意面试安全

确因联系就业工作要外出的，要及时向本系辅导员告知具体情况，须向所在院（系）老师履行请假、销假手续并注意自身安全。

在确定面谈时间、面谈地点后，应该主动将这些资讯告知家人或是好友，并约定一定的时间联络，以确保自己的人身安全。如果可以的话，不要单独前往面谈。单独前往求职时，可借故使用求职场所电话，告知亲友正在何处面试。前往面谈的场所后，应先注意面谈地点的状况，若感觉不对，立即离开。进入场所之后，先在心中规划好离开的路线，在无法确定安全的情况下，最好不要食用对方提供的饮料或是点心。

在面谈中，面试主考官若对工作内容及权利义务、待遇等交代不清，务必提防。随时注意面谈者的言行举止，要有应急的心理准备。不要被听上去体面的职位所迷惑，仔细询问职位的工作内容和细节，如果有一些不清楚或是过分要求（如经纪公司要求演技示范，有身体接触或是更衣表演的情况）应立即离开。记住，不要答应任何与工作无关（共进晚餐或与其他人会面）的要求，面谈完立即离开，不要逗留。

要谨慎对待对方提出的要求，若是这份工作过分轻松或是十分看重工作者的外貌条件，要特别留意是否有一些暗藏的陷阱。在面试后还没有正式上班之前，不要将身份证件或是印章等重要物品交给公司或职业介绍所的人。如果真有必要上交证件，交复印件即可，千万不要将证件原件交给对方，许下承诺时应谨慎，以免日后带来困扰。

在应聘中，大学生可以用"望闻问切"来了解招聘单位的情况。"望"就是"眼观六路"，观察公司所在地的环境和公司人员的基本素质；"闻"是通过网络了解公司经营发展的概况，对于那些网上查不到的小公司，不如装作若无其事的样子和前台、保安等人员聊天，间接获得一些信息；"问"就是通过自己的人脉网，请亲朋好友提供信息和建议；"切"即是直接试探虚实，如果真遇上不法雇主了，要敢于抗争，切不要忍气吞声。

四、注意工作及环境的安全

在求职过程中要树立就业安全意识，遵守国家的法律法规，注意人身和财产安全；学会识别真伪、保护自己，避免误入传销、黑中介等组织；通过校外就业市场、中介机构等途径获得就业信息时，要注意了解单位的合法性，不能盲目听信宣传，要保持警惕，严禁参与传销活动。对单位性质有疑问时，可向当地人事部门的毕业生就业指导办公室或学院就业指导中心咨询。

不到没有经过工商注册的企业就业，不从事高空、污染、危险性大的工作；不从事与大学生身份不符的工作；不推销假冒伪劣和"三无"产品；不盲目向用工单位交纳报名费或押金。也不随意借支工资。

刚到新公司，先熟悉环境，并注意公司营运情况，以保障自己的安全与权益。在工作中切实了解自己的工作环境。充分了解工作的危险程度和工作的基本程序，工作中是否有安全装置。查看工作环境的空气是否流通，有无异味。

如工作环境有不安全因素，应立即拒绝工作。

工作过程中一旦遇到麻烦或自身合法权益受到侵害，要及时向学校学生管理部门、保卫部门、地方公安机关反映，并注意保留证据，提供有关线索，协助调查。这样，才能减少损失。拒绝不合理的邀约及要求。

五、端正择业心态

要充分认清就业形势，准确定位，掌握就业技巧，树立正确的就业观，以最好的状态积极参与竞争。同学之间也要相互关爱，注意信息共享，避免同学间的不正当竞争。

不要盲目追求高薪而忽视自身安全。看到"高薪"字眼首先要掂量一下自己，然后再摸清对方的背景；但凡学历要求过低，而薪酬却过高的工作表面上看能得到丰厚的薪水，暗地里往往包藏祸心。

情绪不能急躁，要保持心态平衡。莘莘学子经过数年苦读，都希望找到一个满意的工作单位，一展抱负。而面对越发严峻的就业形势，同学们常常四处奔波却迟迟找不到一份合适的工作，心态往往越来越急躁。这恰恰给一些不法分子和组织以可乘之机，他们往往打着为毕业生"排忧解难"的幌子，谎称能为求职者提供数量可观的用人信息，甚至作出诸如"一次交足费用，直到落实满意的工作为止"等许诺，千方百计地诱骗求职者上钩。因此，从心理上筑起第一道防线，是自我保护的首要环节。求职中遇到困难时，凡事多问几个为什么，防止因轻信而上当受骗。

六、维护自己的权益

毕业生个人联系求职时一定要擦亮眼睛,对于那些以租用的场地为应聘地点的公司,不要轻易提供自己的毕业证、身份证等,避免落入圈套。凡是要求收取押金、体检费、服装费等,或是不让去公司洽谈而约在某个地方见面的,多半有问题——这些费用有些确实存在,但按规定应由用人单位承担。再者,国家明令禁止在招聘过程中以任何名义收取费用,包括培训费等。但凡要求缴纳费用的都应该警惕。

签订合同别忽视细节。签订劳动合同时也要格外小心,千万不要忽视"工作内容"和"劳动保护和劳动条件"(包括工作时间)这两项。此外,"劳动报酬""违反劳动合同的责任"和"劳动合同终止的条件"也要写入合同。大多数毕业生就业时往往对应聘公司的背景(如公司规模、经营范围、性质等)以及自己的工作岗位和工作职责比较清楚,而对公司的福利(如奖金制度、休假问题)等不甚了解,或者不能逐一了解。因此,毕业生在应聘前一定要了解相关劳动法规和相关政策,提高自己的求职素质和独立思考能力,重视合同中的细节。

第三节 社会实践与创业安全

一、社会实践安全

"纸上得来终觉浅,绝知此事要躬行。"南宋著名爱国诗人陆游在《冬夜读书示子聿》中用这两句诗句教育自己的小儿子子聿:孜孜不倦、持之以恒地做学问固然重要,但仅学习书本知识还不够,那些都只是书本上的知识;书本知识是前人实践经验的总结,能否真正指导我们的生活,还有待实践去检验。一个既拥有书本知识又拥有实践经验的人,才能算得上是真正有学问的人。

自古以来,"实践出真知"就被读书人奉为至理名言,也是学习的真谛。在现代社会,是否具有较高的实践能力更是招聘单位决定是否录用应聘者的重要条件之一。为进一步适应现代社会发展的需要,增强大学生的实践能力,《中华人民共和国教育法》《普通高等学校学生管理规定》等都明确规定,大学生在校期间可以利用课余时间参加社会实践,提高自身的实践能力。如今参加社会实践的大学生人数呈上升趋势,然而由于各种原因,大学生在社会实践中常发生各种意外,不仅无法顺利完成实践任务,甚至威胁到自身生命安全。为此,我们要特别注意大学生在社会实践中的安全问题。

一般来说,大学生的社会实践活动主要分为社团活动、社会调查活动、课外实习活动等几种类型。

(一)社团活动安全

大学生社团是由一群兴趣、爱好相同的学生自发组成的并经学校批准认可的学生群体组织。近年来,随着我国高等教育开放程度的不断提高,越来越多的大学生通过社团活动参加社会实践,以提高自身的综合素质,从校园走向社会。大学生社团也通过利用自身的特长,开展更加丰富多彩的活动,积极创造与社会的联系机会,促使社团成为大学生和社会沟通交流的桥梁。

大学生社团在不断发展中呈现出了许多新特点,如跨校活动增多、社会化增强等。这一方面为社团成员拓展提供了更加广阔的平台,另一方面也使得一些安全问题随之产生。

1.大学生社团活动存在的安全问题

大学生社团活动存在的安全问题包括以下几种。

部分大学生社团在未经学校批准认可的情况下自行成立,存在安全隐患,如一些社团打着学校社团开展活动的旗号进行非法活动。

部分大学生社团成立之初没有正确的方向性和严格的组织性,设团、废团的随意性很大,造成社团从一开始就存在诸多安全隐患。

社团管理不当引发安全问题,如部分社团未经登记批准就自行组织社团成员跨地域进行活动。

社团成员存在内部矛盾或在开展活动的过程中与非社团成员发生矛盾,引发安全问题。

社团在举办大型活动时因组织混乱而产生一些安全问题。

社团与社会联系时产生一系列安全问题,如社团在申请赞助时遇到陷阱等问题。

2.社团活动安全问题的预防措施

社团活动安全问题的预防措施包括四个方面。

(1)加入合法的社团组织,参与健康的社团活动

合法的社团组织应该是已经向学校的社团管理部门提供包括社团名称、宗旨、组织机构、负责人、成员组成情况、活动内容及活动范围等详细事项的申请材料,并经学校有关部门审批同意后成立的组织。同学们在参加社团前可以

向负责人索取社团获批成立的相关文件,进行充分的了解。社团的每次活动都应当向学校的社团管理部门报请和备案,并且在获得批准后才予以执行。同学们在参加社团活动前应当提前了解该活动的性质,同时应在得到学校正式批准后方可参加该活动。

(2)社团活动中的人际交往安全

社团活动中的人际交往安全包括两方面,一方面是社团成员内部的交往,另一方面指的是社团成员与学校其他同学之间的交往。

社团内部成员的人际交往。社团内部成员拥有共同的兴趣和爱好,较容易形成一种团结友爱的氛围,但也存在部分成员因性格差异、文化差异、观念不同等原因而产生矛盾。对此,社团内部成员应当遵循严于律己、宽以待人的基本原则,互帮互助,共同进步。

社团成员与学校其他同学之间的交往。社团在开展活动的过程中,需要和学校其他社团或其他同学进行交往,在交往过程中也存在着诸如活动场地冲突、活动时间冲突等问题。遇到这类问题时,社团成员应耐心地与其他同学进行沟通,互相体谅,妥善解决各种冲突和矛盾,避免更激烈的冲突。

(3)参加大型社团活动的安全预防措施

参加大型社团活动有时也会给学生带来意外伤害,因此有必要采取安全预防措施,防止意外伤害事故的发生。

社团负责人应采取以下预防措施。

第一,在活动前应制订活动策划书及相关的突发事件应急预案,获得学校批准后,在学校指定的活动范围内开展活动,避免因选址不当而妨碍学校正常的教学秩序。

第二,预先勘察活动现场,对较容易形成拥挤的地段要格外关注,安排相应的工作人员维持秩序。

第三,成立应急指挥中心,负责统筹协调突发事件中的各项应急活动,及时做到上情下达、下情上传的工作。

第四，安排保卫人员，负责看管社团成员的财物，做好其他安全防范工作。

第五，如活动在室内开展，应特别注意防火、防电；如在室外，还应提前了解天气状况，避免因天气原因造成安全事故。

社团成员应采取以下预防措施。

第一，在活动前详细了解活动的内容、范围、活动目的，配合负责人完成安全保卫工作。

第二，提前观察活动区域的位置，留意活动场地的安全通道，远离不安全区域。

第三，人员拥挤时，应当主动避让，有序前进，拒绝互相推搡。

第四，尽量不要携带贵重物品，如果将贵重物品带进活动区域，应当随身保管，以防止在混乱中丢失财物。

（4）社团外联活动的安全预防措施

当今大学生的社团活动种类繁多、内容丰富，许多社团不仅自己独立开展活动，也联合学校其他社团、其他院校的社团以及社会企业、媒体等共同开展活动。由于大学生思想单纯，对社会上的一些复杂情况了解不深，同时对相关法律知识缺乏足够的了解，因此社团外联活动存在着一些安全隐患。为此，我们应当从以下几个方面加以预防。

第一，在大型活动开始前，应有详细的策划书，如与校外单位共同协办时，应当向学校相关管理部门汇报，获批后方可进行。

第二，在计划向个别企业申请赞助前，应当通过网络、电话和实地考察等方式详细了解该企业的经营项目、社会定位等具体情况，以免被一些不法企业欺骗。

第三，外出联系前应确定目的地和乘车路线，最好有两名以上人员一同前往，并携带相关证件，确保人身安全。

第四,条件谈妥、经校方负责人同意后应当及时签署合作协议,并确保该合作单位负责人盖章,保证协议的法律效力。

(二)社会调查活动安全

高校会定期组织学生到某些不熟悉的地区进行社会实践活动,也有一些课题研究需要学生独立或自行组团参与社会调查。人们常说:"在家千日好,出门一时难。"参加社会调查的学生往往会在衣、食、住、行等方面遇到各种各样的困难,甚至会遇到一些安全问题。因此,大学生应当提前了解社会调查中应注意的各种问题,增强安全意识。

1.社会调查活动中的交通安全

交通安全是社会调查出行中需要注意的首要问题,学生在前往调查地调查和返校过程中都需要使用交通工具。为确保人身安全,避免发生交通安全事故,大学生在外出调查过程中应做到以下几点。

要加强对交通法规的学习,严格遵守交通规则。

避免在危险天气外出调查,如台风、大雪、冰雹等。

不乘坐黑车、黑船,即调查者应当尽量到正规的车站或轮渡口购买正式的车票、船票,不乘坐状况不好的车船,拒绝乘坐严重超载的车船。

乘车过程中,不要把头、手伸出窗外,下车时,应等车辆停稳后再下车,同时应注意马路上的交通状况。

若不幸发生交通事故,应当依靠当地交通安全管理部门,依照交通安全法律、法规妥善地进行处理。

2.社会调查活动中的饮食安全

俗话说"民以食为天",饮食安全也是学生参加社会调查活动中必须重视的问题。在外出调查的过程中,大学生应当时刻注意饮食卫生安全,预防食物中毒,防止病从口入。具体如下。

不要到无法提供卫生许可证、营业执照、工作人员健康状况证明的餐厅、饭店就餐。

不要购买和食用无厂名、厂址、生产日期、保质期等的食物和饮料。

不要食用购买前已经开封的食品和饮料。

不要食用未煮熟的食物。

夏季应特别注意不要食用变味、变质的食物。

3.社会调查活动中的住宿安全

学生往往要离开学校,到一个陌生的地方进行社会调查实践活动。这时,住宿就成了影响人身安全的又一重要因素。因此,大学生在选择住宿点时应特别留意住宿环境,住宿时也应具备安全防范意识,具体如下。

在选择住宿地点时,一定要谨慎,尽量到正规酒店、旅馆住宿。注意周边地区是否安全。

到达住宿地点后,用较短的时间对周围的环境、人、物有一个大致了解,明确自己所处的位置、方向,记住安全通道的位置。要熟悉防火栓的具体位置。

入住后先查看房内设备是否安全。出入住宿房间注意随手关门。

保持良好的生活习惯,如出门时随身携带贵重物品,外出或休息时锁好房门等。

在退房前,要检查所携带的行李、物品,特别注意自己的证件和贵重财物。

4.社会调查活动中的财产安全

大学生参加社会调查活动,在外出过程中会面临财物损失的风险,因此财产安全问题也应引起学生的重视。

(1)财物丢失的原因

在社会调查过程中,大学生往往因为以下几方面的原因致使财物丢失。

住宿地的环境不安全或周边设施不健全,存在安全隐患。

大学生自身生活习惯不良,如随意放置钥匙、手机、钱包、笔记本电脑等贵重物品。

待人接物时财物外显，招引小偷。

地方治安较差。

在调查中不小心透露个人信息，致使家人陷入骗局，损失钱财。

（2）财物损失防范措施

财物损失防范措施包括以下几点。

在周边环境较为安全的、正规的酒店或旅馆住宿。

养成良好的生活习惯，如将手机、钱包等贴身存放，钥匙应随用随收。

待人接物时应尽量低调，不要炫耀自身财富。

尽量避免到杂乱的地方去。

保护好个人隐私。

5.社会调查活动中的交往安全

大学生参加社会调查实践活动，到了陌生的环境，免不了要与当地的人们进行交往。此时，大学生应当学会正确的交往技巧，避免因为交往不慎引发安全问题。具体而言，大学生应当做到以下几点。

与人交流时应有礼貌，态度要诚恳，语调要轻柔，问事问路要用敬语，问话应客气。

访谈对象时，应当注意倾听被调查者的陈述并认真做好记录，态度要谦逊。

遇到不顺心的事情或者受到不公正的待遇时要学会换位思考，及时调整心态，不要闹情绪、互相谩骂，更不能打架斗殴，制造纠纷。

6.社会调查活动中的人身安全

出门在外，人身安全至关重要，大学生在社会调查过程中要格外注意人身安全。具体而言，大学生应当做到以下几点。

尽量避免单独行动，如果是个人单独进行社会调查活动，应当随时与亲人、学校、调查访谈单位保持联系。

参加社会调查时，应尽量低调行事，要防止因财物外露或个人过激行为招致侵害。

外出时，自觉遵守各项法律法规，时刻注意安全，避免发生意外事故。

女大学生在社会调查中更应该注意人身安全，穿着要得体大方，不要穿过于暴露的衣服。尽量避免在夜间单独外出活动。

（三）课外实习活动安全

实习，顾名思义，就是在实践中学习。在经过一段时间的学习之后，我们需要了解自己所学的知识应当如何应用到实践中，校方和用人单位也可以通过大学生在实习中的表现鉴定其之前学习的效果。可以说，实习是就业的前奏，每一位大学生都要在大学期间参加课外实习活动。在实习的过程中，我们重视实习的质量、关心实习的成绩，但也不要忽视实习中的安全问题。

一般而言，大学的实习包括生产实习、医学实习和教育实习。下面我们将从这三个方面重点阐述学生应注意的安全问题。

1.生产实习安全

本文所提及的生产实习是指高等院校的学生，在生产现场以管理员、工人、技术员等身份，直接参与生产过程，将专业知识与生产实践相结合的一种社会实践活动。

近年来，生产实习中的安全事故屡有发生，如有的大学生在进行化学实验时皮肤被化学品腐蚀；有的大学生在操作车床过程中手指被切断；有的大学生甚至在生产事故中不幸丧命。分析大学生在生产实习中发生安全事故的原因，不外乎两大类，一方面是环境因素，另一方面则是个人因素。

（1）环境因素

环境因素主要包括以下几个方面。

工厂设备出现故障，如设备破损、断裂等。

工厂的安全防御系统不完善,如工厂防护安全网破裂。

生产环境中存在粉尘、放射性物质、毒性较强的化学药品等。

生产中临时出现的安全问题,如高处坠落物、塌方、物体打击等。

(2)个人因素

个人因素主要包括以下几个方面。

实习生在未明确了解工作操作规范和程序的情况下,盲目操作,引发危险。

实习者未按操作规程进行操作或违规将危险物品带入生产地,引发危险。

实习生存在侥幸心理,急于表现,从而未按照正确程序操作引发生产事故等。具体不安全行为可参考《企业职工伤亡事故分类标准》中的相关规定。

2.医学实习安全

本文所提及的医学实习是指高等医学类院校的学生,在医院以实习医生、护士等身份,直接参与医疗工作,将专业知识与生产实践相结合的一种社会实践活动。

医学生在医学实习过程中应当特别注意以下几点安全问题。

(1)按章办事,为患者提供医疗安全保障

实习医生必须做到按章办事并且遵守医学道德,具体而言,有两点要求。

一是实习医学生应按章办事,严格遵守医院的各项规章制度和相关的技术操作规定。实习医学生要明白,自己在尚未取得医师资格证之前,无权单独开处方、诊断书、医嘱、检查申请单、病假证明等,也不能擅自对患者实行医学诊断或治疗,有任何想法或疑问都应当询问指导医生的意见,以防发生医疗事故。如遇特殊情况,诊断结果或开出的处方、各类证明也应当在上级医生审核、同意并签名后才能使其生效。

二是实习医生还应当遵守医学道德。具体而言,医学生在实习过程中应当注意以下两点。

第一,保护患者隐私权。医学实习生在实习过程中,要特别注意尊重和保护患者的隐私。近年来，因实习生参加医疗观摩活动而引起的争端逐渐增多，实习生在实习过程中必然要进行医疗观摩，但应掌握尺度，应遵循职业道德。特别是男性医学实习生在检查女病人时（如进行妇科检查），应保证有第三者在场，以免发生医患纠纷。

第二，医学实习生应严格遵守保护性医疗制度，对于重危病人的病情应当尤为审慎。未经上级医生允许，不得擅自将一些特殊病人的病情或自己不太清楚的情况告诉病人或家属。不得随意对病人、病人家属、病人单位发表任何有关病情的意见，以免发生医患纠纷。

（2）自我预防，为自身提供医疗安全保障

医生、护士是为病患者提供帮助的白衣天使，每天需要面对多而繁杂的疾病，在救治他人的过程中，医生和护士也会接触到这些疾病、病毒，较容易受到病毒侵扰，因此医学实习生应当特别注意医疗预防，增强自身的安全意识。

预防流行病毒及传染病毒。医学实习生在实习的过程中，应当加强自身的安全保健意识，特别是在发热门诊与传染病房实习的医学生更要加倍小心。在实习过程中，实习生除了要严格按章办事之外，还要特别注意做好个人的疾病预防工作。一旦发现自身有任何不适症状，要马上请医院医生为自己进行检查，防止在实习期间被病毒感染。

防范X射线。随着科学的发展，现代医学也在不断进步。现代医学不仅保留了传统的医学方法，也引进了先进的医学技术。依靠X射线进行医学治疗就是其中一种。虽然，医院在为病人提供X射线医学治疗与检查的服务中也配备了较为完善的防护设施，但是如果医学实习生长期接触这些设备或是在操作过程中处理不当，都有可能造成职业性损伤。因此，医学实习生操作前一定要接受严格的岗位培训，务必使自己熟悉基本知识，熟练掌握操作技巧；在操作中也应当严格遵循操作规范，避免发生意外。

3.教育实习安全

和生产实习与医学实习相比,师范院校的实习生在参加教育实习时的安全系数较高一些。教育实习生一般只需要在校内完成专业授课任务和实习班主任的工作就可以了。但是,由于教育实习生面对的是心智尚未完全成熟的青少年,因此在实习过程中也需要注意以下几方面的安全问题。

(1)教学安全

教育实习生在实习过程中既担任任课教师也充当实习班主任,不仅要完成教学任务,还要完成育人任务。在教授课程、管理班级的过程中,实习生会处理一些学生的问题,在面对这些学生时,实习生首先要对全体学生一视同仁;其次,在教育学生的过程中应保持耐心,态度要温和,语气要和蔼,绝对不可以体罚学生,以防引起学生心理问题或引发教学纠纷。

(2)活动安全

在实习过程中,实习班主任会在课上组织学生参加一些活动,部分实习生会遇到学校开展的运动会等大型文体活动。这时,作为实习教师和实习班主任的高校大学生应当将安全放在首位,在确保学生安全的情况下组织学生参加活动。在活动过程中,如遇到学生受伤或其他意外事故时,应当及时向上级领导汇报,并及时送学生就医,防止事态进一步恶化。此外,实习教师不能带领学生参加野外活动,以防发生意外事故。

二、创业安全

职业是高校大学生实现人生价值的必要条件。就业、求职永远是高校中的热门话题。近年来,我国大学生的就业形势日益严峻。而作为就业者的大学生,又存在着专业知识不够扎实、实践能力水平低下、综合素质不高等问题,造成自身缺乏核心竞争力。不仅如此，部分大学生过于浮躁，急功近利，没有清晰的职业生涯规划，如此一来，大学生"就业难"便成了一大难题。

除此之外，一些大学生选择自主创业或组团创业。不可否认，自主创业是缓解就业压力的一条新出路，但我们要认清一个事实，那就是，就业难，创业也不易。创业之初，往往需要创业者拥有足够的资金、丰富的阅历和经验，还要对市场有深刻的认识等，而这些恰恰是当代大学生所欠缺的。因此，大学生在创业过程中总会遇到许多挫折，遭遇各种风险。

（一）大学生创业、投资中存在的风险

1.经验不足，资源匮乏

创业是一项极其复杂的系统工程，它对创业者的阅历、经验、心理承受能力、综合素质等都有着极其苛刻的要求，而一直生活在象牙塔里的大学生，思想单纯、阅历浅薄，心理承受能力较弱，实践能力差，一旦进入竞争激烈的市场，就会成为创业者中的弱势群体。

此外，资源匮乏也是大学生创业中面临的一大问题。创业还需要创业者具备一定的资金及技术资源、人才资源、社会资源等，而这些往往也是大学生所缺乏的。资金是创业的基础，缺乏资金就意味着所有的创业活动都无法开展；技术是保证创业顺利进行的原动力，大学生创业大多从事服务型产业，这一产业对技术具有较高的要求，如果缺乏技术，就缺乏竞争力，创业就容易走下坡路；人才，是促使创业走向成功的核心力量，没有人才资源的支持，再好的项目也很难真正落实。创业中的人才不仅要具备丰富的理论知识，还要掌握实际操作技能，具备一定的管理经验，能随时应对创业中遇到的各种不曾预见的问题。大学生虽然在校期间取得了学历文凭，拥有较高的文化水平，但大部分大学生理论结合实践的能力不足，缺乏创业所需要的市场实战经验和调控能力。在创业中遇到问题时，部分创业者不能及时地进行处理，导致创业难度增大。

2.纸上谈兵，缺乏对市场的了解

大学生在创业中普遍缺乏对市场的深入了解，不少大学生没有对其项目或产品进行市场调查的意识，部分大学生虽然有这种意识，但由于没有掌握正确的市场调查方法，致使调查结果不能对其创业有所帮助；还有一些大学生在创业中，仅仅依靠推理想象代替市场调查。

3.盲目投资与扩张

大学生的心智尚未完全成熟，不少大学生在创业过程中往往急于求成，想更快地收回成本进而盈利。一旦发现周边人士投资某个项目获取利润或者自己投资一个项目初尝甜头，就会盲目投资或盲目扩张（包括项目扩张、企业规模扩张、经营领域扩张等方面），其后果是造成企业不能与市场需求和自身的能力相协调，稍不注意就有可能血本无归。

4.承受挫折的能力不足

不少大学生从小备受疼爱，在上学期间，也基本上是一帆风顺，没有经过什么重大的挫折和打击，所以承受挫折的能力较差。在创业过程中，大多数大学生一开始都饱含创业激情，对创业前景充满希望，没有做好迎接挑战、面对困难的心理准备，一旦遇到问题，就很容易心灰意冷，沮丧不前；再加上大学生的创业经费有限，从经济角度讲，很多创业的大学生对巨额的高风险创业费用也缺乏相应的承受能力。

5.管理风险

企业管理是指企业管理者通过对企业整个经营过程的监督和调节，使企业个体服从企业总体的要求，以保证整个企业的生产过程按目标正常进行。在科学技术高度发达、产品日新月异、市场瞬息万变的现代社会中，企业管理就显得更加重要，是企业得以发展的关键因素。

大学生在创业初期往往寻找自己的亲朋好友作为自己的合作者，由于初涉市场，阅历浅薄，又缺乏实践经验，往往会出现决策随意、急功近利、盲目跟风、用人不当等错误，再加上大学生创业者对合作伙伴完全信任，忽略了企业管理的重要性，时间一长，就会出现管理混乱的局面，最后直接影响到企业的发展。

6.团队分歧的风险

现代企业越来越重视团队的力量，尤其是大学生创业，一般都是团队创业，一个优秀的创业团队能使企业迅速地发展起来。但与此同时，风险也就隐藏其中。协调团队合作并不是一件容易的事情。有一些团队在刚创业时配合得很好，但是随着企业的发展、利润的增加，团队成员们就会为了权力和利益分配等问题发生冲突，团队的力量越大，产生的风险也就越大。一旦创业团队的核心成员（即企业管理者）在某些问题上产生分歧，就会对企业造成强烈的冲击。

7.人力资源流失风险

人才是使企业走向成功的核心力量，是落实一切计划的具体操作者和执行者。因此，防止各种专业人才及业务骨干流失应当是创业者时刻注意的问题。在那些依靠技术或专利创业的企业中，拥有或掌握关键技术的人才的流失才是创业失败的最主要原因。

8.意识上的风险

意识上的风险是创业团队在创业过程中的内在风险。这种风险来自无形的意识，拥有巨大的破坏力。风险性较大的有投机意识、侥幸意识、随意意识和依赖意识等。

9.其他外部环境风险

外部环境是指企业外部的经济、政治、文化、社会等一切环境因素。企业外部环境的不良变化都是造成创业风险的催化剂。

（二）大学生在创业、投资中的风险防范措施

有人说，创业比就业容易，就业要向他人"乞求"工作机会，创业是自己

给别人提供工作机会。但是创业的道路布满荆棘,创业、投资之路也存在着许多艰难困苦,需要创业大学生勇敢、坚强地去面对。作为创业者的大学生在创业、投资的过程中,可从以下方面着手,最大限度地降低创业投资风险。

1. 熟悉相关的政策、法规,善于利用外部有利资源

大学生的思想较为单纯,社会经验不足,初入社会创业,有可能在很多地方遭受挫折。例如,一些大学生对创业相关的法律法规缺乏了解,创立企业没有向有关管理单位登记注册;开设小吃店却没有办理卫生许可证等相关法律证件,从而引发一些商业纠纷。此外,部分大学生在创业过程中容易遭遇创业陷阱或投资骗局,也需要熟悉相关的法律法规,这样才能用法律武器保障自身的合法权益。其实,国家为了支持大学生创业,制定了许多有利于大学生创业的优惠政策,只要大学生熟悉这些法律法规,善于利用外部有利资源,就可以减少创业之路的困难,使创业之路更加顺利。

2. 谨慎选择创业、投资项目

选择项目是创业者开始创业的第一步,要成功创业首先就应该找到既能满足市场需求又能发挥自身优势的项目。一般来说,大学生创业者在选择项目时:首先,应客观地分析自身的创业条件,总结自身的优势与不足,选择有利于发挥自身优势的项目;其次,创业者应冷静地分析创业环境,分析市场需求,然后将市场需求分析和自身优劣势分析相结合,挑选项目。选择项目时还应尽量选择技术含量高、自主知识产权明确的项目,在技术创新的基础上做好产品市场化工作。在选择项目的过程中,切忌盲目跟风或涉猎自己完全陌生的领域,选择项目一定要选择资源丰富的、自己最熟悉、最擅长、能发挥自身优势的项目。此外,大学生创业者要从事法律允许的创业活动,一些大学生抵不住诱惑,违法创业,最终将受到法律制裁。

3. 丰富阅历,积累经验

阅历浅薄、经验不足是大学生创业成功的一大障碍。大学生创业不应停留

在口头上。为积累经验，大学生应积极参与社会实践，丰富自身的阅历，了解企业管理及市场运营的相关知识。只有创业大学生对社会及所从事的行业有深入的了解，并且已经掌握了管理企业的相关技巧，才能提高创业的成功率。

4.组建协作能力强的团队

在风险投资商看来，投资时选择一个拥有合作能力的创业团队比选择一个富有创新思维的独立创业人更有意义，因为他们认为再出色的创业计划也具有可复制性，而团队的整体协作能力是难以复制的。在创业时，创业者要善于整合内外资源，有效借助其他资源来降低创业成本，提升企业的运营效率，提高企业创业的成功率；要组织应变能力强的协作团队，随时应对市场的不确定性因素。

5.勇于创新

创新是推动企业发展的不竭动力。在激烈的市场竞争中，企业要想立于不败之地，就必须在经营理念、管理理念、销售策略等方面加以创新。大学生创业者，本身已面临着经验不足、资源匮乏等风险，如果不依靠创新来弥补自身的不足，那么创业者就会在市场竞争中被淘汰。

6.保持良好心态

盲目乐观和盲目悲观是大学生创业者的通病。在许多大学生看来，创业是件简单的事情，有了好的创意就能开公司，开了公司就能保证财源滚滚；盲目乐观使得大学生创业者忽视了对所从事行业的深度审视，也忽视了对市场的调研。而一旦遭遇失败，大学生创业者就会盲目悲观，认为一切都是不可实现的，这将直接导致创业的彻底失败。其实，创业过程中需要用理智来克制内心的冲动。大学生创业者除了要有好的创意、充足的资金、优良的资源外，还要有良好的心态，做到胜不骄败不馁。

7.完善企业管理制度

企业管理分为生产管理、营销管理、财务管理和人事管理等，这些管理环节中，任何一个环节出现纰漏都有可能导致创业失败。一个企业要想持久地保持其活力，除了要有不断创新的意识，敏锐的市场观察能力，还应该有完善的企业管理制度。优秀的企业管理制度可以保证企业健康、有序、高效地发展。

第五章 大学生法律意识培养

第一节 增强大学生法律意识

一、具备法律观念

法律意识和法治观念是一个公民守法律己的前提。公民有了良好的法律意识和法律观念,就能自觉遵守法律,避免违法犯罪。反之,就只能消极被动地适应法律,结果往往是:一方面,因侵害他人权益走上违法犯罪之路;另一方面,当自己的权益受到不法侵害时,用非法手段应对不法侵害,最终使自己陷入不利境地。因此,大学生要守法律己,就必须增强自己的法律意识,具备法律观念,并使自己的思想不断适应建设社会主义法治国家的实践。

二、学法知法

(一)学法知法是守法的前提条件

朱熹有一句名言:"论先后,知为先;论轻重,行为重。"学法知法与守法的关系也是如此。只有学法知法,才能知道什么行为是国家法律允许的,什么行为是可做的;什么行为是国家法律禁止的,什么行为是不可做的,从而指导自己按照国家的意志行动。同时,用法律的规定去衡量和判断人们的行为,作出"合法"或"违法"的评判,同违法行为进行坚决的斗争,维护法律尊严,维护社会正常秩序,同时维护自己的合法权益。

(二)学法知法是适应依法治国的需要

在法治社会,法律几乎涵盖社会生活的方方面面。人与人之间、个人与集体与国家之间、人与物之间的关系,无不为法律所规范。无论你意识到与否,都要处处与法律打交道,这是不可回避的社会现实。特别是在现代社会中,社会主义市场经济越发达,社会分工越细,竞争越激烈,人们的生活节奏越快,就越需要完善的法律对社会各领域的活动和秩序作出明确的规定,不学习就难以适应依法治国的需要。

大学生是未来的社会主义建设者和接班人,从自身肩负的历史使命出发,当代大学生要努力学习和掌握相关法律知识,养成依法办事的习惯。只有如此,才能明辨是非,才能维护自己的合法权益,才能避免违法犯罪,才能更好地守法律己。

(三)学法知法主要应掌握的相关法律

学法知法,大学生应学习哪些相关的法律知识呢?作为一门学科,法学相关文献浩如烟海,当代大学生主要应学习一些基本的法学理论、法学知识及主要的法律规范。例如,《中华人民共和国宪法》《中华人民共和国行政处罚法》《中华人民共和国刑法》《中华人民共和国民法典》《中华人民共和国治安管理处罚法》《中华人民共和国消防法》《中华人民共和国集会游行示威法》《中华人民共和国道路交通安全法》以及相关的国际法,等等。

三、做自觉守法公民

（一）履行法律义务

法律义务是指法律规定的义务。法律义务具有国家强制性，这是它与道德义务、社会义务以及社会组织章程（如党章、团章等）所规定的义务的重要区别之一。法律义务，是每个公民和其他法律关系主体必须承担的法律责任。履行法律义务是守法的表现。如果不履行法律义务就是违法，国家机关将强制其履行，或给予相应的法律制裁。

1. 履行基本义务

基本义务，是宪法规定的，是公民最基本的、不可或缺的义务的概括性规定，它决定着公民在国家生活中的政治与法律地位，是其他部门法规定法律关系主体义务的渊源和依据。宪法规定的公民基本义务如下。

维护国家统一和全国各民族团结的义务。

必须遵守《中华人民共和国宪法》和法律，保守国家秘密，爱护公共财产，遵守劳动纪律，遵守公共秩序，尊重社会公德的义务。

维护祖国安全、荣誉和利益的义务。

保卫祖国、抵抗侵略的职责和依法服兵役、参加民兵组织的义务。

依法纳税的义务。

此外，公民有劳动的义务、受教育的义务，父母有抚养未成年子女的义务，成年子女有赡养扶助父母的义务。

基本义务维护的是国家的根本利益，每个公民都必须履行。

2. 履行一般义务

一般义务是"特殊义务"的对称。作为一般法律关系参加者所承担的义务或作为普通身份的法律关系的参加者所承担的义务。如中国宪法规定的公民有依法纳税的义务。

3.正确认识和处理三个关系

要自觉履行法律义务，就必须正确认识和处理三个关系。

（1）权利和义务的关系

法律是通过对法律关系主体权利、义务的规定来调整社会关系的，任何法律关系都是在法律主体间形成的一种权利和义务的关系。

权利是国家通过法律规定对法律关系主体作出或不作出某种行为，或者要求他人作出或不作出某种行为的许可和保障。当人们的权利受到侵犯时，国家有义务出面干涉，以排除人们享受权利的障碍；当人们做国家许可的行为而没有受到妨害时，国家就没有必要采取公开干涉的形式保障人们的权利。

义务是国家通过法律规定对法律关系主体的某些行为的一种约束。它或者表现为要求人们必须作出一定的行为，或者表现为要求人们必须抑制一定的行为。前者要求义务人采取积极的行为来履行自己的义务，故称为积极义务；后者要求义务人以消极的行为（即不作为）来履行自己的义务，故称为消极义务。

权利和义务作为构成法律关系的内容要素，是紧密联系、不可分割的，它们都处于法律关系的统一体中。在法律关系中，权利和义务是互相依存的。任何一方权利的实现都有赖于另一方义务的履行；任何一方享受权利的同时，都必须承担相应的义务。不允许任何人只享受权利而不尽义务。

（2）基本义务和一般义务的关系

基本义务与一般义务的关系，有人称其为"母子关系"，有人称其为"纲目关系"。基本义务的条款，在普通法律中都有具体的规定。例如，维护民族团结，在《中华人民共和国民族区域自治法》中有具体规定；保守国家秘密，在《中华人民共和国保守国家秘密法》中有具体规定；维护国家安全，在《中华人民共和国国家安全法》《中华人民共和国刑法》中有具体规定；依法服兵役，在《中华人民共和国兵役法》中有具体规定，等等。我们在学习和履行法律义务时，既要抓"纲"，又要带"目"。

（3）国家、集体和个人利益的关系

法律对社会关系的调整，说到底是调整各种社会关系的利益，包括物质的、政治的、经济的利益。国家在运用法律调整社会关系的过程中，不仅是国家利益、公共利益的维护者，而且也充当着个人利益的保卫者。公民要自觉履行法律义务，要用法律规范自己的行为，只要抓住这个根本性的问题，就一定会处理好许多具体问题。

利益在人们的行为中往往以动机的形式出现，对人们的行为起着规定方向、驱使、推动或抑制的作用。不切实际的财物欲望、畸形的物质追求、过分的荣誉欲望、强烈的虚荣追求，都可能诱发不良行为甚至违法犯罪行为。当代大学生要自觉履行法律义务，就必须正确对待个人利益，正当利益当仁不让，非法利益给也不要；要正确处理国家、集体和个人利益的关系，国家利益至上，个人利益服从集体利益。在追求个人合法利益的时候，不得妨碍他人、社会、集体和国家的利益。

（二）避免违法犯罪

1.守住避免违法犯罪的法律防线

（1）避免危害国家安全的行为

例如，有的同学在公共场所乱讲本专业中涉及国家经济利益的情报；有的故意泄露秘密；有的受他人策动，参与颠覆国家政权的非法集会或游行示威等。

（2）避免扰乱公共秩序的行为

例如，扰乱文化、体育等大型群众性活动秩序；结伙斗殴，任意损毁公私财物，寻衅滋事；煽动他人从事邪教活动；擅自删除、修改、增加、干扰计算机系统的功能等。

（3）避免妨害公共安全的行为

例如，违反规定将实验用的硫化物、氯化物、氧化物、生物碱等带出实验室；存放、携带匕首、三棱刀、弹簧刀等管制刀具等。

（4）避免侵犯人身权利、财产权利的行为

例如，结伙殴打、伤害他人；侮辱他人或捏造事实诽谤、陷害他人，写信恐吓他人；发送淫秽、侮辱、恐吓或其他信息，干扰他人正常生活；冒领、隐匿、毁弃、私自拆开或者非法检查他人信件；盗窃、诈骗、哄抢、抢夺、敲诈、勒索公私财物以及侵占他人财物等。

（5）避免妨害社会管理的行为

例如，妨碍国家机关工作人员依法执行公务，强行冲闯安全机关设置的警戒带、警戒区，妨碍人民警察依法执行公务；煽动、策划非法集会、游行、示威活动，不听劝阻；制造噪声干扰他人正常生活；伪造、隐匿、毁灭证据或提供虚假证言、谎报案情，影响行政、执法机关依法办案，明知是赃物而窝藏、转移或者代为销售；卖淫、嫖娼；制作、复制、出租淫秽的书刊、图片、音像制品，组织播放淫秽音像或者利用计算机信息网络、电话以及其他通信工具传播、播放淫秽信息；以营利为目的，为赌博提供条件或者参与赌博等。

（6）避免侵犯知识产权的行为

例如，侵犯著作权，未经著作权人的许可，复制发行其文字作品、计算机软件及其他作品；写论文时剽窃、抄袭他人作品等。

（7）避免违反消防管理的行为

例如，违反规定，在存放易燃、易爆物品的地方吸烟、使用明火，乱接、拉电线，引起火灾；对存在的重大火灾隐患，在消防部门指出后，没有及时整改等。

（8）避免违反交通管理的行为

例如，无证驾驶机动车辆；违反交通规则行驶；骑自行车带人等。

上述问题都是大学生易触犯的"雷区",只要在这些多发、易发的违法犯罪行为上把住法律的防线,就能减少违法犯罪的发生。

2.克服易于萌发违法犯罪的思想因素

做守法公民,贵在自觉。能否自觉守法,前提是要有较高的思想觉悟。因此,要克服易于萌发违法犯罪的思想因素,根本在于树立正确的世界观、人生观、价值观。具体来说,在认知、思维上,防止偏激情绪;在利益上,防止自私自利的极端个人主义;在人际关系上,要避免鼠肚鸡肠、狭隘自私、嫉妒报复等心理;在困难挫折面前,克服懦弱、屈服、逃避等心理;在不当诱惑面前,不要丧失原则,见利忘义等。只有这样,才能为做自觉守法公民奠定思想基础。

3.把握易于违法犯罪的重点问题

针对大学生的实际情况和部分学生违法犯罪的现状,用法律规范自己的行为,避免违法犯罪的发生,重点注意不要参与或沾染斗殴、盗窃、赌博、酗酒、吸毒等活动或恶习。

第二节 大学生违法行为的预防

一、违法行为的构成要件

(一)违法的主体

作为违法的主体必须是具有法定责任能力的自然人、法人或其他社会组织。就大学生而言,一般都已达到法定年龄,具有理解、辨认和控制自己行为的能力，即能够独立承担法定义务，享有法定权利，也就能够成为违法的主体。

（二）违法主观方面的过错

违法主观方面的过错是指违法主体对其实施的违法行为及其危害后果所具有的故意或过失的心理状态。故意违法是指违法主体明知自己的行为会产生危害社会的结果，并且希望或放任这种结果产生的违法行为。以偷窃为例，行为人非法侵占公私财物，在主观上就有故意非法占有的目的。过失违法是指违法主体应当预见自己的行为可能会产生危害社会的结果，但由于疏忽大意没有预见或已经预见但轻信能够避免，而使危害结果产生的违法行为。

故意或过失是构成违法所必须具备的主观因素。如果某种行为在客观上造成了危害社会的结果，但行为人在主观上并无故意或过失的心理状态，就不是违法。

（三）违法的客体

违法的客体是指法律所保护而被违法行为所侵害的社会关系。违法的客体可能是物质的，如国家、集体、私人的合法财产；也可能是非物质的，即精神或心理上的伤害，如个人的荣誉、名誉、人格尊严等。任何一种违法行为，无论其表现形式如何，都要侵害一定的客体。如果某种行为没有也不可能侵害任何客体，该行为就不是违法行为。

（四）违法行为的客观方面

违法行为的客观方面是指行为人违反法律规定的行为和由这种违法行为所引起的后果，即违法行为实际造成的一定的损害结果，或者违法行为虽未实际造成损害结果，但却有可能造成某种损害后果。

二、违法行为的主要类型

(一) 侵害国家利益,违反宪法的行为

大学生是国家未来的希望,国家利益、民族利益与大学生休戚相关。他们的主流是健康向上、奋发学习、努力进取、立志报效国家。但也有极个别大学生不辨是非,实施一些有损国家利益的行为。这些行为都从不同方面侵害了国家利益,都是违反我国宪法有关规定的行为。

(二) 违反民事、经济法律、法规的行为

民事法律是调整平等主体间人身及财产关系的法律规范。大学生都具有民事法律关系的主体地位,能独立地享有民事权利,承担民事义务。大学生在日常的生活学习中,如侵犯他人著作权、名誉权等,或在相互借贷中产生债权、债务纠纷等,都是违反民事法律、法规的行为。

(三) 违反国家行政管理的行为

我国相继颁布和施行的《中华人民共和国义务教育法》《中华人民共和国教师法》和《中华人民共和国高等教育法》,使高校的教学管理工作有法可依。有些学生违反学籍管理规定,不严格履行入学、报到注册手续,擅自缺考,考试作弊,不按时参加教学计划规定和学校统一安排、组织的活动等,这些都是违反国家对高校推行的行政管理的行为。

(四) 违反治安管理的行为

该行为是大学中最常见的违法行为。高校治安是社会治安的组成部分,是正常的教学科研、工作学习秩序的基本保障。大学生生活、学习在校园,其秩

序依靠大家来维护。但在日常生活中，大学生的违法案件时有发生，常见的主要有以下几个方面。

1. 扰乱校园公共秩序的行为

扰乱校园公共秩序是在校园的公共场所（如礼堂、食堂、游泳池、市场等）结伙斗殴，寻衅滋事，侮辱妇女或者进行其他流氓活动，尚未造成严重损失的就是扰乱校园公共秩序的行为。

2. 妨害公共安全的行为

妨害公共安全是指故意或过失地实施妨害不特定多数人的生命、健康和公私财产安全的行为。例如，"非法携带、存放枪支、弹药或者有其他违反枪支管理规定行为，尚不够刑事处罚的；违反爆炸、剧毒、易燃、放射性等危险物品管理规定，生产、储存、运输、使用危险物品，尚未造成严重后果的"以及"非法制造、贩卖、携带匕首、三棱刀、弹簧刀或者其他管制刀具的"行为都是妨害公共安全的行为。例如，大学生某某为朋友帮忙，在寝室里存放了大量的烟花爆竹，其行为违反了爆炸、易燃物品管理规定，可能危害不特定多数同学的生命财产安全，是妨害公共安全的行为。另外，有的同学随身携带匕首、三棱刀、弹簧刀等管制刀具；有的在实验室做实验时，出于好奇偷偷地将硫化物、汞化物、氧化物、生物碱等带出实验室，也是妨害公共安全的行为。

3. 侵犯他人人身权利的行为

侵犯他人人身权利是指故意侵犯他人人身和其他与人身有关的权利，危害性较小，尚不够刑事处罚的行为。人身权利通常包括人的生命安全、身心健康、人身自由、人格和名誉以及住宅权等。构成侵犯人身权利的违反治安管理行为，行为人在主观上是出于故意，不存在过失的问题。例如，殴打他人，造成轻微伤害；非法限制他人人身自由或者非法侵入他人住宅；公然侮辱他人或者捏造事实诽谤他人；写恐吓信、打骚扰电话或者用其他方法威胁他人安全或者干扰他人正常生活；隐匿、毁弃或者私拆他人信件等。

4.侵犯公私财物的行为

侵犯公私财物是指故意地、非法地将国家、集体财物或公民的私人财物据为己有或者故意损坏，情节轻微，尚不够刑事处罚的行为。例如，偷窃、骗取、抢夺少量公私财物；哄抢国家、集体、个人财物；敲诈、勒索公私财物；故意损坏公私财物等。侵犯公私财物是大学中最常见的违法行为，特别是偷窃公私财物，尤为突出。

5.妨害社会管理秩序的行为

妨害社会管理秩序是指故意妨害国家机关的正常管理活动和妨害社会正常秩序，情节轻微，尚不够刑事处罚的行为。大学中最常见的是明知是赃物而购买的违法行为。例如，有些大学生为图便宜，明知对方的自行车来路不正，但由于价格较低而购买，则构成违法行为。

6.违反消防管理的行为

例如，在有易燃、易爆物品的地方违反禁令，吸烟、使用明火；过失引起火灾，尚未造成严重损失；有重大火灾隐患，经公安机关通知不加改正等。有些大学生在有明显标志"严禁烟火"的实验室吸烟；有的大学生熄灯后在床头上点蜡烛看书，结果引起火灾；有的大学生在寝室内私拉、乱接电线，有重大火灾隐患，经学校保卫部门通知而不加整改，都是违反法规行为。

7.违反交通管理的行为

例如，有的大学生无证驾驶机动车辆；有的学生违反交通规则，骑自行车搭人或逆行等。

8.违反户口或者居民身份证管理的行为

例如，不按规定申报户口或者申领居民身份证，经公安机关通知拒不改正；假报户口或者冒用他人户口证件、居民身份证；故意涂改户口证件等，都是违反户口或者居民身份证管理的行为。例如，有的新生在入学报到时，擅自更改户籍迁移证上的年龄、姓名等，均是违反户籍管理法规的行为。

9.违反暂住、流动人口管理的行为

例如,有的学生在假期期间将自己的床铺长期提供给校外人员使用,有的将寝室内的空床提供给打工的同乡使用等,都未按规定申报暂住、流动人员住宿登记手续,既违反学校宿舍管理规定,又违反国家城市暂住人口管理法规。

10.严重危害社会治安管理的行为

随着高校周边治安状况日趋严峻,有的学生在种种诱惑下参与卖淫嫖娼、聚众赌博等社会治安管理法严厉禁止的行为。例如,参与赌博或者为赌博活动提供条件;制作、复制、出售、出租淫秽录像或者其他淫秽物品等。这些都是严重危害社会治安管理的违法行为。

第三节 大学生犯罪行为的预防

一、犯罪行为的主要类型

对近年来的相关资料进行分析,不难发现,当代大学生犯罪主要涉及三大类型:第一,财产型犯罪,如盗窃、诈骗、抢劫等;第二,暴力型犯罪,如故意杀人、故意伤害、性犯罪等;第三,高科技、智能型犯罪,如利用网络犯罪,侵犯知识产权犯罪等。

(一)财产型犯罪

当今大学生犯罪类型以侵犯财产罪为主,多涉及盗窃、诈骗、抢劫等。形成该类犯罪的主要原因如下。

1.为满足物质欲望而盗窃

生活所迫以及难以遏制的"物欲",往往令一些贫困大学生误入歧途。例如,在上海求学的大学生小董来自山区,靠每月家中寄来的生活费生活,几乎没有余钱买学习资料和娱乐设备,看到寝室同学穿着时髦,出手阔绰,心理逐渐失衡。一次,室友外出,将手机落在书桌上,被小董盗走。得手后,她又接连多次盗窃同学手机,甚至在做家教时,将学生家里的笔记本电脑也拎走了。

而另一起诈骗案的作案人小任更令人惋惜。他为了筹措考研资金,竟找来两件仅值人民币30元的仿古花瓶和塑像,冒充古董以7000元卖出。

在校园盗窃案中,来自农村地区、困难家庭的学生占相当大的比例。这些出身贫困的学生在面对同学间生活水平的巨大差距时,心理上受到刺激,一旦自我调适不当、道德品质薄弱,就可能抵不住诱惑,铤而走险。

2.精神空虚,寻找刺激

例如,小刚家境优越,但他在短短一年时间里盗窃作案十多起。他性格孤僻,平素极少与师生交流,为寻求刺激,大三时他头一次将手伸进同学书包。作案时提心吊胆、得手后兴奋莫名的心理体验,让他有了癖瘾,结果一发而不可收。

3.其他因素

财产型犯罪的大学生作案动机还有三类:①报复心理,当自己的手机、自行车等东西被盗后,产生偷取别人的来补偿自己的想法;②与人攀比,爱慕虚荣,某些大学生成绩比人家好,吃穿却比别人差,于是去偷窃,弥补物质生活的差距;③心态失衡,受武侠小说等的影响,模仿偷窃行为。此类案件多发于低年级,该阶段的学生法律意识淡薄且思想幼稚。

(二)暴力型犯罪

大学生犯罪中,涉及故意杀人、故意伤害、强奸等暴力型犯罪的,仅次于盗窃等财产型犯罪。一些大学生认为，打架斗殴，只要不致死、致残，就只需付医疗费，受学校处分就算了结了，一般情况下不会想到已经违反了法律，其法治观念之淡薄，常令人惊讶。某些大学生在学习、生活中受挫，或者不堪学习、就业压力，产生心理问题，引发犯罪行为。

近年来，该类犯罪呈上升趋势，并伴有以下特点：为情、为财杀人所占比例较高；作案手段残忍，后果严重；报复心理较重。

通过分析我们发现，形成该类犯罪的主要原因有下列几点。

1. 法律意识淡薄，存在道德缺陷

例如，大学生小顾在校踢球时跟对方队员发生争执，遭到殴打后，气愤不已，叫来三个同学，乱刀将对方砍伤。该类犯罪大学生，大部分是低年级学生，自控能力差，往往意气用事，铸下大错。

多年来，我们的家庭教育和学校教育偏重传授知识，"重智轻德"。同时，不少大学生有自矜、自骄、自负的心理。再加上各种负面因素乃至颓废文化的影响，大学生的人生观、价值观极易发生扭曲，他们的浮躁、功利、暴力等心理极度膨胀。

2. 心理问题引发犯罪

例如，2004年初发生于云南大学的"马加爵杀人案"，一时间震惊全国。经调查，马加爵的杀人动机仅仅是因打牌等琐事引发的不满，并且其自身存在因贫困、交际、学业压力等引发的严重心理问题。

3. 激情犯罪，不计后果

例如，离家求学的杨某就读于成都某高校，入校几个月后因学习跟不上进度，便背着父母退了学。临近毕业，眼见谎言即将被拆穿，杨某想到了自杀。后来，他又想到杀人后再自杀。杨某遂来到姑妈家，趁其不备用铁榔头向她后脑敲去。其姑妈经法医鉴定为轻伤。后杨某因故意杀人罪被判处有期徒刑6年。

以上是典型的激情犯罪，这类犯罪在暴力犯罪中占一定比例，而且该类犯罪往往后果严重，事先又难以预防。

大学生虽已成年，但一些大学生的心理却不够成熟，心理预期过高，情绪容易失控，自控能力较差，部分大学生容易产生消极颓废的心理。

（三）高科技、高智能型犯罪

大学生是社会中文化素质较高的群体，他们善于思考，对科学技术有较强的接受能力，所以其违法犯罪活动较其他人群呈现出明显的智能化特点，如利用网络、电子信息技术等进行违法犯罪活动。近年来，大学生利用网络技术作案的案件不断增多，利用电脑病毒等进行的违法犯罪活动，给国家和社会造成了巨大的危害，也是我们应预防和关注的重点。形成该类犯罪的主要原因有以下两种。

1.金钱诱惑

例如，北京某大学在读硕士研究生郑某在受聘公司从事点钞机部件软件编程工作，期间发现公司新开发的点钞机市场潜力巨大，有利可图，遂萌发自己生产点钞机销往外地的想法，最终因侵犯商业秘密，涉案金额巨大，被浙江省玉环市人民法院判处有期徒刑9年，并处罚金6万元。

2.过高估计作案能力，藐视法律

在此类犯罪大学生中，有些是因为学生对自己缺乏正确的认识。这些学生往往自认为智力超群，对法律、法规研究透彻，认为"有空子可钻"，夸大作案的可能性。还有的是盲目自信，觉得自己作案技术高明，隐蔽性强，从而自我鼓励，自我安慰，在这种错误认识和侥幸心理的驱使下，铤而走险，一次作案成功，就会进一步强化其犯罪动机，促使其继续犯罪。

二、大学生犯罪的心理特点及原因

（一）大学生犯罪的心理特点

1. 享乐欲望强烈

现在一些高校周围的网吧、酒吧几乎被学生占满，而教室里往往空空荡荡，个别学生更愿把精力放到玩乐上，不认真学习；另外，部分学生存在虚荣心理，把穿名牌服装，买高档商品（如名牌包、手表等）看成一种时髦。诚然，在市场经济条件下，金钱、物质的重要性日益突出。然而，由于大学生几乎没有独立的经济来源，只能靠父母提供有限的生活费，在金钱和物质的诱惑下，部分学生便误入歧途。加之同学之间，各自家庭经济条件不同，他们之间的物质条件差距极大，这更对部分学生的心理造成了极大的刺激。于是，一些大学生不顾自身经济条件，盲目进行攀比，以满足自己虚荣心，而他们又没有太多获取收入的能力，部分学生因此走上违法犯罪的道路。有关调查显示，大学生犯罪案件中70%是盗窃案，部分大学生盗窃财物就是为了追求享乐。

2. 不良情绪占主导地位

据《江南时报》报道，在我国，有焦虑不安、恐惧和抑郁情绪等问题的大学生占学生总数的16%，世界卫生组织的调查显示，只有不足15%的患者得到了适宜的治疗。北京大学精神卫生研究所研究员王玉凤的研究也表明，大学生中有16%~25.4%的人有心理障碍，尤以焦虑不安、神经衰弱、强迫症等为主。而这些都是不良情绪情感体验，是消极的，当这种消极情绪情感体验积累到一定程度，行为人就会出现情绪发作，产生犯罪动机，进而实施犯罪行为。那么，造成大学生不良情绪占主导地位的原因是什么呢？

根本原因在于社会环境、家庭环境及自我心理调节能力低下。大学生是社会和家庭的关注焦点，因而他们往往被赋予过高的期望值，从一开始，他们就面临较大的压力。然而在大学中，中学的那种备受老师关爱、备受同学羡慕的心理优势已不复存在，这会导致一些自我调节能力差的学生心理失衡，使其压力进一步增大，如果再缺少与同学和老师的沟通，找不到释放压力的正常渠道，当其发展到一定阶段，再加上一定的诱因，就有可能通过犯罪释放出来。

3.情绪不稳定，易冲动及产生挫折感

大多数犯罪大学生都表现出情绪不稳定、自控能力差、行为冲动、好感情用事、易产生挫折感等特点。

例如，据《北京青年报》报道，北京某高校大学生马某，持刀及仿真手枪潜入本校女生宿舍楼，将两名上厕所的女生捆绑起来，并以引爆炸弹相威胁将两人控制，索要钱财。马某为作案准备了四卷胶带，一捆绳索，一只仿真手枪和一把匕首，但在实施犯罪的过程中，却又始终像在进行一场"行为艺术"表演，他甚至与自己的犯罪目标——几个女大学生促膝谈天，最后还帮助她们报警。他的犯罪行为带有非常明显的非罪恶倾向。从马某犯罪的整个过程来看，其情绪带有明显的不稳定性，外加认识偏激，缺乏理智，无法控制自己的情绪，具有明显的冲动性。仅仅因为一位女同学叫他冷静，便立即中止了犯罪，认识到了自己行为的危害性及后果。据马某讲，他这样做是为了寻求解脱，被警察抓住后，自己解脱了，剩下的事由警察去办，自己不用操心了。

（二）大学生犯罪的原因

1.自身因素

大学生正处于青年时期，其生理和心理都迅速走向成熟但还没有成熟。他们感情丰富，心理起伏大，易冲动，自控能力差；他们没有走向社会却渴望走向社会；他们缺乏社会阅历和人生经验，但社会却纷繁复杂。因此，如果没有正确引导的话，大学生很容易误入歧途，走上犯罪的道路。

(1) 心理脆弱，无法应对挫折

大学生犯罪，主要原因是自控力较差、心理脆弱、无法应对挫折。一些大学生远离父母独立生活之后，对挫折缺乏准备，一旦遇到比较大的事件，容易产生过激行为。例如，大学生吕某强制猥亵妇女一案，吕某与女朋友在热恋之中突然失恋，面对突如其来的感情打击，吕某难以接受。某日凌晨恰好遇见被害人，一时无法抑制心中的冲动，便起了歹意。

还有一些大学生因出身贫寒，或生理存在某些缺陷，一方面对家庭和社会不满，另一方面敏感、自卑，自我调控能力差，无法应对社会上的一些不公现象，对人生感到悲观，以至于不能自拔，最终走向极端。

(2) 心理迷乱，情绪失控

随着高校扩招步伐的加快，大学生就业难度有所增长，许多大学生的自我预期值下降。他们对前途感到迷茫，极易产生消极颓废心理，导致心理迷乱，情绪失控，失足犯罪。

(3) 藐视法律的心态

法官在调查中发现，不懂法不是大学生犯罪的主要原因，犯罪的大学生大多对法律条文有一定的了解，有的甚至攻读的法律专业。在犯罪大学生中，有的学生明明晓得那样做是违法的，但心存侥幸，自认为手段比较高明，不会被查获，所以不惜铤而走险，以身试法，这是一种藐视法律的心态。

(4) 性心理不健康

大学期间，大学生的生理迅速走向成熟，开始对性充满了好奇和渴望。从青春期开始的性成熟及性意识的增强，必然使这些刚刚成年的年轻人更愿意关注异性，这本无可厚非。但是，如果不引导他们形成良好、正常的性观念，再加上受到各种暴力、色情文化的不良影响，就有可能使他们在神秘感、好奇心的驱使下进行性犯罪。例如，一些发生在校园里的奸杀命案就属于这类情况。

（5）情感纠纷处理不当

有关资料表明，大学生恋爱成功率非常低，究其原因，毕业后很难在一个地方共同工作，由于时间、距离、沟通等原因，不得不放弃那刻骨铭心的往事。有学者对在校大学生情侣进行调查，得出如下结论。

一是因为没有安全感而交友演变成恋爱。

二是因为别人都在谈而自己也想试一试而恋爱。

三是因为经济原因而恋爱。

四是因为一时的冲动心理而恋爱。

五是因为朦朦胧胧的好感不知不觉地恋爱。

六是因为青年期的心理、生理需求而恋爱。

七是因为互助学习而恋爱。

某网站曾就"大学生谈恋爱对与否"进行问卷调查，赞同大学生谈恋爱的不足 30‰。人们普遍认为，大学生谈恋爱会在学习时间、学习精力、价值取向等方面对大学生的成长产生负面影响。部分大学生还因此而导致犯罪。

2.社会因素

（1）市场经济的冲击

在市场经济的影响下，拜金主义、唯利主义等落后思想有所抬头，有些人甚至把物质利益作为衡量个人成败得失的唯一标准。这些错误理念同样会对思想单纯的大学生产生不良影响，使他们的价值观发生扭曲。在这些错误思想的影响下，个别大学生去进行偷盗、抢劫、诈骗等违法犯罪活动；有的大学生甚至不顾个人的基本道德，出卖肉体、出卖灵魂。

据调查，大学生从事盗窃活动，除了少数是因为经济窘迫外，绝大多数是因为虚荣心过强，受社会不良习气的影响，喜欢攀比，又贪图享乐。

再如，当前社会上出现的一些不良倾向，如女大学生"陪聊""援交""傍大款"和卖淫等，都说明了在市场经济快速发展的今天，一些落后思想给大学生的价值观念带来了前所未有的冲击。因而，对大学生进行安全教育，增强他们的法律意识，就显得很有必要。

（2）不良社会文化的影响

近年来，一些领域道德失范，封建迷信活动和黄、赌、毒等丑恶现象泛滥，文化事业受到这些消极因素的冲击，导致危害大学生身心健康的不良社会文化屡禁不止，使部分大学生的认知产生偏差。有些大学生意志比较薄弱，很容易受到外界的影响，而对这些不良文化现象，也往往缺乏辨别能力。随着自我意识的增强，他们非常重视自己能否得到同龄伙伴的承认和赞许，并把它看得比父母、师长的评价还要重要。一些武侠小说、言情小说、影视片中的人物，特别是带有传奇色彩的"黑社会"人物，对他们有着极坏的影响，诱导一些大学生走上违法犯罪的道路。

另外，教育制度不健全，以及短视频的泛滥，都是导致大学生犯罪的不良社会因素。

（3）就业压力过大诱发犯罪

大学生的就业压力大，也是不争的事实。如何正确对待市场竞争，摆正就业观念，确实值得教育者和在校大学生深思。

3.学校因素

从学校方面的因素来看，学校教育体制存在缺陷。学校教育观的偏颇、教师素质问题以及校园暴力等，都会给青少年的成长带来极为不利的影响。例如，学校只抓升学率而忽略对学生人生观和思想品德的教育等，都会对学生的健康成长带来负面影响。此外，一些学校对大学生的思想政治教育和法律政策教育，形式单调，内容僵化，针对性不强，导致一些大学生接受教育的效果不理想。特别是学校招生规模逐年扩大，而校方对学生的管理却并未加强，存在重知识"输入"而轻思想品德"塑造"的倾向，缺乏科学的管理机制，有的学生夜不归宿、逃课旷课、赌博醉酒，也无人过问。由于未做到防微杜渐，导致个别学生的自觉性越来越差，自我控制能力也越来越弱。

4.家庭因素

从家庭方面来看，不适当的教育方法和教养方式是造成大学犯罪的主要原因。例如，在高考"指挥棒"的影响下，有的家长只重视智力教育，而忽略了对子女健康人格的培养。在教养方式上多采取简单、粗暴的家长制手段。这种消极的教育方式，容易使子女形成敏感多疑、自卑易怒、偏执冲动等不健康的性格，也可称之为人格障碍。当子女考入大学后，有的家长又将精力转移到经济支持上，对学生的实际表现和心理成长关注不够。一旦子女犯罪，他们才感到惊讶和后悔。还有一些家长则从小对孩子宠爱有加，把孩子当"小祖宗"，对他们的要求无条件一一满足，尤其在他们进入大学后，对他们日益放纵。这些大学生往往以自我为中心，优越感强，受不得丝毫委屈，一旦心理失衡，就用暴力的方式解决问题，很容易走上犯罪道路。

据专家分析，处于溺爱型家庭、打骂型家庭、放任型家庭、失和型家庭等"问题家庭"的大学生，较之正常家庭的孩子更容易走上犯罪道路，原因就是这些家庭的家长缺乏适当的教育方法和健康的教育方式。所以我们在研究"问题大学生"时，也不应忽略其背后的"问题制造者"，家庭教育是导致大学生犯罪的一个极其重要的因素。

三、大学生犯罪的预防措施

正确的道德观和良好行为习惯的养成，不是一朝一夕的，预防才是减少大学生犯罪的有效途径。预防大学生犯罪是对人才的珍惜，是对社会的责任。每个大学生犯罪案件都是个人、家庭、学校或者社会等多方面原因综合作用的产物，是社会多方面消极因素的综合体现。因此，减少和预防大学生犯罪，需要社会各界的广泛关注和全社会的共同努力。预防大学生犯罪与预防其他形式的犯罪实质上是一样的,最根本的措施还是防患于未然,针对其犯罪原因,进行综合治理,形成一种有利于大学生全面发展的环境。

(一)重视对大学生的思想道德教育

大学生正处在成长的关键时期,大学期间对一个人世界观、人生观和价值观的形成至关重要。高校要在大学生学习现代科学知识、技能和理论的同时,对他们进行有效的思想道德教育,提高他们的道德水平,教会他们为人之道,使他们真正成为心智与人格全面发展的有用之才。

现在个别大学生根本没有理想,更不用说为了理想而努力,他们不愿将自己的精力投入到为理想奋斗的过程中,他们的目光只停留在现实上,整天挖空心思享乐。一旦丧失理想,生活也就失去了方向,若再有其他不良因素的影响,便有可能产生犯罪心理。此外,有的大学生对家庭、对社会缺乏责任感,以自我为中心,即使没有经济条件,也一味地贪图享乐,甚至为了享乐而不惜以身试法,他们不考虑自己的行为可能给家庭、给社会带来的后果,缺乏应有的良知。因此,高校必须重视对大学生的思想道德教育。

(二)多形式强化对大学生的法制教育

哲学家苏格拉底说,无知是首恶。法制教育对预防大学生犯罪有着重要的作用。法律是道德的底线,法制教育同样也是道德教育的基础。然而,在实践中我们发现,高校教师在教学中容易片面追求传授法律知识的广度、深度,力求在最短的时间内帮学生建立完整的、实用的法律知识体系,因而课程容量大,形式单一,内容枯燥。例如,在非法学专业普通高校中开设的"法律基础",其课程内容包括法学理论、宪法、行政法、民法、刑法等,而学时只有 36 个甚至更少。学生也认为该课不是专业课,且一般为开卷考试,学分也较少,所以学生往往不重视，学习效果当然不尽如人意。因此，高校应始终把法制教育摆在重要的位置，要通过各种形式的法制教育，使大学生不仅掌握一些重要的、基本的法律知识，还要让大学生具备一定的法律意识，遇事知道从法律的角度思考能不能干、该不该干。真正的法制教育，应该是法律思想、观念的教育，培养学生的法律意识，通过教学，帮助学生形成健全的法律心理，使他们既能遵纪守法，又能运用法律武器捍卫自己的合法权益。

学校要采取多种形式，进行全面教育。这就要求我们首先要高度重视对学生的法制教育，要从刚入校门的学生着手，结合思想道德教育与行为规范教育，结合校园内的案例，帮助学生形成正确的世界观、人生观、价值观。尤其是针对大学生中许多人不知法、不懂法、缺乏法律意识的现象，我们强调要强化法制教育，使大学生知法、懂法、守法，指导大学生正确理解权利与义务的关系，在履行义务的前提下，合法行使自己的权利，帮助大学生形成遵法守法、依法办事，敢于同违反法律的行为斗争的思想意识。

另外，师生之间的互动对学生的学习效果有非常重要的影响。因此，在课堂上应加强师生交流，注重法制教育的实践环节，使教学更生动。具体而言，在教学中可从以下几方面着手。

第一，选取一些与学生生活密切相关的法律案例，结合法律法规加以解释，这样的教学内容比较生动，学生更容易接受。例如，结合治安管理处罚条例讲解学生打架斗殴的案例，结合刑法讲解行凶、贩毒等案例。

第二，可以组织一批对法律有浓厚兴趣的学生去法院旁听，让学生真正感受到法律的尊严不可侵犯，感受法律的公正无私。

第三，适当开展一些模拟法庭活动，让学生运用法律知识审视现实生活，这些都将对学生的法治意识产生直接的影响。

第四，请司法机关工作人员结合所办案件，对学生进行现实的法治教育，强化他们的法治观念，将打击犯罪和预防犯罪结合起来，防患于未然。

（三）加强对大学生的人文素质教育

当今社会，高校在培养人才时更加注重知识的灌输和智力的开发，缺乏人文素质教育。特别是在中学进行的文理分科，使学生掌握的知识发生失衡。例如，很多理工科的学生，掌握的人文及社会科学认知略显不足，不太擅长处理人际关系。所以，如何用人文精神指引大学生服务于社会，是大学教育的一个重要课题。

（四）加强对大学生的心理健康教育

目前，大学生心理问题日益突出，已成为当今家庭、学校和社会稳定的一个亟待关注的问题。但我国高校的现状是，精神卫生工作无论是在人才投入，还是在经费投入上都远远不够，心理教育人才的匮乏在高校教育系统中也较为突出。这就需要广大教育工作者共同投入到心理健康教育中来，尽己所能，做好大学生的心理健康教育工作，以降低大学生犯罪率。

针对大学生心理发展不够成熟的特点，学校要有意识地开展心理健康知识讲座、开设心理咨询机构，帮助大学生形成健康向上的心理。

学校可以在以下几个方面开展工作。

第一，由专业的心理教师开设心理教育课程。

第二，建立心理协会或者相关社团，开展形式多样的心理健康教育活动。

第三，开设专门的心理咨询热线和心理咨询网站，及时解决学生遇到的心理问题。

第四，辅导员对那些心理脆弱、遭受挫折的大学生要给予较多的关注，注意及时调解学生之间的矛盾，避免矛盾激化。

第五，引导大学生控制情绪，消除其人格障碍，让学生学会宽容，提高大学生的承受能力和应对挫折的能力。

第六，注意引导大学生建立和谐的人际关系。大学生要放弃偏激和自卑心理，笑对人生，热情生活，多交朋友，使自己的心理常处于轻松愉快的状态。

第七，注意引导大学生正确处理恋爱与性的问题。当前在校的大学生应树立正确的恋爱观，应以友情为重，不应过早确立恋爱关系。学校应对他们进行性知识和性道德方面的教育；设立大学生心理健康中心，并利用它指导和帮助大学生以严肃的态度对待爱情，正视恋爱关系，保持稳定的情绪及健康的心理。

（五）做好预防和管理工作

预防犯罪首先必须保证良好的校园生活环境，保证校园是一个学习知识的场所，抵制社会不良文化的入侵。高校要加强和改进学生管理工作，尤其是集体宿舍的管理，可采取针对性措施，健全管理约束机制，建立预防大学生犯罪的综合防范体系；配合有关执法部门开展综合整治活动，排除校园周围影响或干扰大学生的不健康因素。通过建立一整套的安全防范管理体系，从体制上杜绝违法犯罪现象。

发生在校园内的恶性伤害案件中，有些属于激情犯罪，犯罪嫌疑人在一时冲动之下临时起意，学校保卫部门很难预防这类突如其来的事件，但是保安人员的巡逻等工作会对那些有犯罪意图的学生产生一种威慑作用。在如今许多校园设在城市周边，地段偏僻，绿化带多，人口密度较低的情况下，加大保安的工作力度显得尤为重要。而对在校园内发案率较高的盗窃犯罪，高校应加强校园管理，教育学生提高自身的防范意识。

建议学校开展以下具体的工作。

第一，提高学校保安人员的法律素养，加大执法力度。

第二，规范管理学生生活园区。

第三，完善校园环境及学生宿舍的硬件防备设施。

第四，案发后学校进行适当处罚，决不姑息、包庇。

（六）社会与家庭共同努力

1.社会方面

近年来，随着社会多元化的发展，一些领域也出现了道德失范现象，使教育事业受到消极因素的严重冲击。有些大学生意志比较薄弱，很容易受到外界影响，对那些不良现象和行为，往往缺乏辨别能力，最终走上违法犯罪之路。

面对这些问题，社会各界应该共同努力，给大学生营造一个健康的成长环境，做好大学生犯罪的预防工作和犯罪后的帮教工作。政府职能部门则应力所能及地为高校排忧解难，切实采取可行的措施，优化社会大环境以及校园环境。社会各界共同努力，把大学生犯罪率降到最低。可喜的是，早在 2003 年，全国首家"在校大学生犯罪预防中心"在南京市浦口区成立。南京大学、东南大学等南京 10 所高校与浦口区检察院、团委、公安局共同成立在校大学生犯罪预防中心，共同研究对在校大学生犯罪案件的处理及有关帮教问题。我们应鼓励成立更多类似的大学生犯罪管理机构，降低日益上升的大学生犯罪率。

司法机关对大学生犯罪应实行教育、感化、挽救的方针，坚持惩罚与教育相结合的原则，以法律效果为基础，以政治效果为原则，以社会效果为目的，采取人性化的帮教手段，挽救这些失足青年，让他们重新成为对社会有用的人才。对罪行并不严重、且有悔改之意的，应采取微罪不诉或建议法院单处罚金的方法，给他们一次改过自新的机会，往往会收到更好的效果。司法机关也应该有重点地与大学定期联系，帮助学校建立良好的校园环境，同时加强校内的司法宣传教育。

2.家庭方面

学校对大学生的引导是整体的、普遍的引导，而对大学生进行针对性、个别性的引导则要依靠家长。因此，家长要加深对自己孩子的了解，加强与孩子的沟通，在配合学校教育的前提下，有针对性地加以引导，努力为孩子营造一个积极健康、温馨和谐的成长环境。建议家长做到以下几点。

第一，关心子女在校生活、学习的情况。

第二，多与学校老师交流，了解子女的思想状况和心理状况。

第三，发现行为异常或心理问题及时教育引导或者就医。

总而言之，加强对高校大学生的安全教育，培养高校大学生的法律意识具有重要意义。高校必须坚持理论学习与实践运用相结合的原则，不断加强对高校大学生的安全教育，帮助高校大学生树立法律意识，争做立德树人的先进典范，为全面建设社会主义现代化国家新征程、为实现中华民族伟大复兴的中国梦，培养出德智体美劳全面发展的中国特色社会主义建设者和接班人。

参 考 文 献

[1] 艾楚君. 大学生安全教育教程[M]. 北京：北京理工大学出版社，2020.

[2] 包国军. 关于开展大学生安全教育与急救技能教学的探讨[J]. 科教文汇（上旬刊），2020（09）：28-29.

[3] 陈昶洁. 全媒体时代大学生网络安全教育初探[J]. 新闻前哨，2022（03）：71-72.

[4] 陈丽蓉，居来提·买买提明，肖红飞. 大学生安全教育[M]. 天津：天津科学技术出版社，2018.

[5] 陈卫平，李辉. 大学生安全教育[M]. 长沙：湖南教育出版社，2018.

[6] 陈武，方运纪. 新编大学生安全教育[M]. 北京：北京理工大学出版社，2021.

[7] 陈阳，张麟华. "互联网+"视角下大学生安全教育的思考[J]. 办公自动化，2022，27（10）：43-45.

[8] 储晓宇. 党的十八大以来大学生国家安全教育新进展[J]. 中共合肥市委党校学报，2021，20（06）：46-49.

[9] 方正泉. 大学生安全教育指南[M]. 苏州：苏州大学出版社，2015.

[10] 关中印，于亮. 大学生安全教育[M]. 西安：陕西师范大学出版总社，2018.

[11] 郭敬超. 大学生国家安全教育研究[J]. 大学，2022（13）：84-87.

[12] 郭敬超. 当代大学生安全教育活动开展策略分析[J]. 山西青年，2021，（17）：73-74.

[13] 郭振勇，陈爱文，沈昌海. 大学生安全教育与自我防范[M]. 成都：西南交

通大学出版社，2021.

[14] 贺明华，李岚，杨爱民. 大学生安全教育[M]. 北京：中国轻工业出版社，2020.

[15] 黄丹颖. 加强和改进大学生安全教育的思考[J]. 考试与评价，2020（02）：84.

[16] 黄凯，郑琦. 大学生安全教育[M]. 长春：吉林人民出版社，2019.

[17] 焦雨梅，穆长征. 大学生安全教育[M]. 北京：航空工业出版社，2018.

[18] 孔养涛. 大学生安全教育理论与实践[M]. 北京：九州出版社，2019.

[19] 赖春麟，熊大冶. 大学生安全教育[M]. 北京：北京邮电大学出版社，2016.

[20] 李建宇. 大学生安全教育读本[M]. 昆明：云南大学出版社，2017.

[21] 李梅菊，徐涛，李旭宏. 在校大学生的信息安全教育方法研究[J]. 福建电脑，2021，37（09）：53-55.

[22] 李千乔. 高职院校大学生网络意识形态安全教育探析[J]. 连云港职业技术学院学报，2021，34（04）：82-85.

[23] 李英霞，李玉侠. 新时代大学生安全教育教程[M]. 北京：中国人民大学出版社，2021.

[24] 李子德. 大学生安全教育[M]. 成都：电子科技大学出版社，2019.

[25] 理阳阳，张力. 大学生安全教育[M]. 西安：西安电子科技大学出版社，2015.

[26] 林建华. "互联网+"时代大学生安全教育探索[J]. 闽江学院学报，2021，42（06）：105-111.

[27] 刘升泉. 大学生安全教育[M]. 长春：吉林大学出版社，2020.

[28] 刘治军，胡道敏，张华. 新编大学生安全教育[M]. 贵阳：贵州大学出版社，2020.

[29] 卢长征. 大学生安全教育教程[M]. 苏州：苏州大学出版社，2021.

[30] 鲁先长.大学生安全教育[M].合肥：合肥工业大学出版社，2015.

[31] 马生忠，张振霞."全人教育"理念下大学生安全教育探索[J].科学咨询（科技·管理），2021（10）：171-172.

[32] 马艳慧，石蕊.大学生安全教育的重要性探究[J].产业与科技论坛，2020，19（12）：203-204.

[33] 马杨柳.新时代大学生网络意识形态安全教育探究[J].辽宁师专学报（社会科学版），2021（06）：92-93.

[34] 梅鲜.高校大学生安全教育现状与实现路径分析[J].新课程研究，2020（27）：121-122.

[35] 庞敬礼，彭桂枝，沙印.大学生交通安全教育的策略研究[J].佳木斯职业学院学报，2020，36（10）：126-127+130.

[36] 庞若通.大学生安全教育[M].上海：同济大学出版社，2017.

[37] 戚兴伟.网络环境下大学生法制安全教育对策探究[J].法制博览，2021（32）：39-41.

[38] 齐宝龙.大学生安全教育现状与对策研究[J].创新创业理论研究与实践，2020，3（14）：153-154.

[39] 邱国良.大学生安全教育教程[M].北京：北京理工大学出版社，2021.

[40] 曲桂东.大学生安全教育[M].北京：教育科学出版社，2014.

[41] 孙晓，李志刚，张奎升.大学生安全教育[M].济南：山东人民出版社，2020.

[42] 万玉青，周晓邑，赵淑华.大学生安全教育[M].上海：上海交通大学出版社，2017.

[43] 王丙利.大学生安全教育[M].哈尔滨：黑龙江大学出版社，2018.

[44] 王庆，吴沛.大学生安全教育[M].西安：西北大学出版社，2017.

[45] 王世杰.大学生安全教育[M].武汉：武汉理工大学出版社，2021.

[46] 王霞.高校网络舆情视角下大学生意识形态安全教育研究[J].佳木斯职业学院学报,2022,38(05):61-63.

[47] 王先亮.总体国家安全观与大学生安全教育[J].平顶山学院学报,2022,37(03):17-22.

[48] 王颖.新时代大学生网络意识形态安全教育路径研究[J].数字通信世界,2022(02):190-191.

[49] 吴君斌.新网络时代大学生安全教育模式创新研究[J].法制博览,2020(20):37-38.

[50] 吴平.当代大学生安全教育问题思考[J].科学咨询(教育科研),2020(02):50.

[51] 辛永赟.大学生安全教育[M].大连:辽宁师范大学出版社,2017.

[52] 熊楚国.大学生安全教育[M].北京:航空工业出版社,2017.

[53] 徐凯.大学生安全教育[M].西安:西安电子科技大学出版社,2014.

[54] 薛晨浩.大学生旅游安全与防护管理[M].北京:经济管理出版社,2021.

[55] 颜怡.大学生安全教育[M].北京:中国人民公安大学出版社,2020.

[56] 杨海,郑伟民.大学生公共安全教育[M].北京:高等教育出版社,2021.

[57] 杨航征.大学生安全教育[M].西安:陕西师范大学出版总社,2018.

[58] 杨阳.新时代高职大学生国家安全教育现状及提升对策[J].华东纸业,2022,52(01):191-193.

[59] 叶青.高职院校大学生安全教育四维体系构建[J].湖北工业职业技术学院学报,2021,34(06):21-24.

[60] 尹彤.大学生安全教育读本[M].武汉:华中科技大学出版社,2018.

[61] 张国庆,金辉.大学生安全教育[M].成都:电子科技大学出版社,2015.

[62] 张巍.新时期大学生安全教育存在的问题与优化对策[J].江苏高职教育,2022,22(01):101-108.

[63] 赵翔宇，陈九丽，杨俊杰."全要素"视域下大学生日常安全教育管理现状及对策研究[J].大学，2022（04）：80-83.

[64] 赵志国，陈刚，于巧丽.大学生安全教育教程[M].沈阳：东北大学出版社，2021.

[65] 郑宏源，徐超.大学生安全教育教程[M].昆明：云南大学出版社，2020.

[66] 周恒洋，邹浩."三全育人"视域下大学生网络安全教育探析[J].学校党建与思想教育，2022（02）：73-75.

[67] 朱小普.风险防范思维下大学生安全教育管理方法探析[J].农村经济与科技，2021，32（20）：308-310.

[68] 邹礼均.大学生安全教育与管理[M].重庆：重庆大学出版社，2018.